Le

QuickGuide

Développeur_

JavaScript

Michel Dreyfus

CampusPress

Publié par CampusPress
47 bis, rue des Vinaigriers
75010 PARIS
Tél. : 01 72 74 90 00

Mise en pages : MD Graphic

ISBN : 2-7440-1799-X

Auteur : Michel Dreyfus

CampusPress est une marque de
Pearson Education France

Table des matières

Introduction

Créé par Netscape pour accompagner son Navigator 2.0, JavaScript est un petit langage de script dont la syntaxe est, si l'on peut dire, à mi-chemin de celle du Langage C et de celle du BASIC. C'est, comme ce dernier, un langage interprété, et il est destiné à donner de l'interactivité aux pages Web[1], lesquelles, par leur nature même, sont définitivement statiques. Depuis sa création, JavaScript a pas mal évolué et la version actuellement la plus universellement reconnue porte le numéro 1.3. La plus récente spécification mentionne le numéro 1.5 (il semblerait qu'une version intermédiaire 1.4 soit passée aux oubliettes), mais il n'est pas certain que celle-ci soit implémentée par les navigateurs les plus courants. Elle serait supportée par Netscape Navigator 6, toutefois, ce navigateur n'ayant pas rencontré une approbation unanime et afin de préserver la portabilité des scripts que vous écrirez, nous en resterons à JavaScript 1.3.

Peu après Netscape, Microsoft a créé JScript, qui est une version "enrichie" (lisez "foisonnante") de JavaScript, dotée de très nombreuses fonctionnalités qui, comme l'est ActiveX, ne sont reconnues que par les navigateurs de Microsoft. Plus

1.Pour être complet, il faut signaler qu'il existe une version de JavaScript destinée à tourner sur un serveur Web.

ennuyeux est le fait que certaines composantes de JavaScript et de JScript qui semblent communes (la gestion des événements, par exemple) ne sont pas traitées de la même façon par les deux interpréteurs.

L'un des avantages de JavaScript est de permettre la mise au point des scripts en mode local, sans qu'il soit besoin de se connecter à un serveur de l'Internet ou à un serveur local. L'URL à indiquer au navigateur est alors le chemin d'accès du script sur le disque local.

Dans la majorité des cas, les exemples de scripts que nous allons vous proposer fonctionneront avec les navigateurs Netscape Navigator, Internet Explorer et, souvent même, Opera. Les exceptions seront dûment signalées.

Ce livre est non pas un cours sur JavaScript mais un recueil d'exemples concrets. Nous n'avons pas ici la place d'exposer en détail les tenants et aboutissants de chaque instruction, objet, propriété, méthode, fonction... Pour cela, il existe, chez le même éditeur, d'autres ouvrages dont c'est le but.

Ce livre comporte trois parties :

- La première (Chapitre 1) est un rappel succinct des principaux éléments de JavaScript.
- La deuxième (Chapitre 2) est une suite de courtes séquences illustrant chacune quelques points particuliers de langage rappelés en tête de chaque section.
- La troisième (Chapitres 3 à 12) présente quelques applications plus importantes. Ceux d'entre vous qui ont quelque expérience de la programmation savent qu'il y a presque toujours plusieurs solutions pour programmer un sujet donné. Pas plus dans cette partie que dans la précédente, nous n'avons la prétention de vous présenter la meilleure. La seule

chose que nous puissions vous dire, c'est que celle que nous vous proposons donne les résultats escomptés.

N'oubliez pas qu'étudier et comprendre JavaScript suppose une bonne connaissance préalable de HTML. Non pas au travers d'éditeurs WYSIWYG qui vous cachent le code HTML qu'ils génèrent, mais pour l'avoir pratiqué "à la main", balise par balise, avec un éditeur de texte ou un éditeur HTML simple.

Bien que JavaScript soit largement indépendant de la plate-forme sur laquelle il est utilisé, tous les scripts présentés ici n'ont été testés que sous Windows. Il y a de grandes chances pour qu'ils soient également utilisables, presque toujours tels quels, sur un Macintosh ou sous Linux.

Vous trouverez de nombreux scripts à télécharger et d'utiles informations sur les sites Web suivants (malheureusement tous, sauf le premier, en anglais) :

http://javascript-lab.nexen.net/enter.php

http://javascript.internet.com/

http://www.javascript.com/

http://www.infohiway.com/javascript/indexf.htm

http://www.jsworld.com/

http://www.javascriptcity.com/scripts/index.html

http://developer.netscape.com/docs/manuals/communicator/jsguide4/index.htm

http://www.geocities.com/SiliconValley/7116/

http://www.katungroup.com/javascript.htm

http://www.dannyg.com/

http://www.javascriptguide.com/

http://webdeveloper.earthweb.com/pagedev/webjs

http://www.js-examples.com/

http://developer.netscape.com/docs/manuals/index.html?content=javascript.html

http://www.scriptsearch.com/JavaScript/

Chapitre 1

Rappels sur JavaScript

Généralités

La place d'un script dans un document HTML

Pour montrer comment se place un script JavaScript dans une page Web, le plus commode est de prendre un exemple simple. Le Listing 1.1 vous présente un document HTML qui affichera "Bonjour tout le monde" dans une petite boîte de dialogue lorsque vous cliquerez sur le bouton Bienvenue affiché dans la fenêtre de votre navigateur. Un clic sur le bouton OK de la petite fenêtre la fera disparaître.

Listing 1.1 : *saluer.htm*

```
<html>
<head>
<title>Bienvenue</title>
<SCRIPT LANGUAGE="JavaScript">
function saluer()
{ alert ("Bonjour tout le monde !");
}
</SCRIPT>
```

```
</head>
<body>
<H2>Bienvenue</H2>
<FORM>
<INPUT TYPE="button" VALUE="Bienvenue" onClick="saluer()">
</FORM>
</body>
</html>
```

De cet exemple, on peut retenir les informations suivantes :

- Un script JavaScript doit être placé à l'intérieur des balises `<SCRIPT LANGUAGE="JavaScript">` et `</SCRIPT>`.
- La place normale d'un script est dans la section d'en-tête du document HTML (`<HEAD> ... </HEAD>`).
- La liaison entre le code HTML proprement dit (ce qui se trouve dans le corps du document matérialisé par `<BODY> ... </BODY>`) s'effectue commodément par un gestionnaire d'événement. Ici, il s'agissait de `onClick`, dont la signification est claire : "Lorsqu'un clic survient".
- Les instructions JavaScript se terminent généralement par un point-virgule mais, lorsqu'il n'y en a qu'une seule par ligne (ce qui est très vivement recommandé), ce point-virgule n'est pas indispensable.

Généralités sur les scripts JavaScript

Autres informations sur le langage qui ne sont pas apparentes dans l'exemple élémentaire du Listing 1.1 :

- L'alphabet JavaScript se compose des caractères ASCII de base, caractères accentués et autres diacritiques exclus. Toutefois, la présence de ceux-ci est permise dans les chaînes de caractères.

- JavaScript est un langage pauvrement typé. Il n'est pas indispensable de déclarer préalablement le type de variable ou de constante que l'on va utiliser.
- Les informations manipulées par JavaScript sont de deux catégories : les nombres et les chaînes de caractères.
- Les nombres s'écrivent dans le système décimal.
  Exemple : 3.14159, 27, –271096, 0.
- Les chaînes de caractères doivent être placées entre apostrophes ou entre guillemets. Exemple :

  `"L'oeil était dans la tombe et regardait Caïn."`
- Les identificateurs sont sensibles à la casse. `prix` et `Prix` ne désignent pas la même variable.
- Les *objets* JavaScript sont dotés de *propriétés* et de *méthodes*. Les premières définissent certaines caractéristiques comme la longueur pour une chaîne de caractères, et les méthodes jouent le même rôle que les fonctions dans d'autres langages.
- Le langage est dépourvu d'instructions d'entrées/sorties sur les fichiers. Néanmoins, il permet de charger des images et des documents HTML, de créer et de relire des cookies.
- Il est possible de constituer une bibliothèque de scripts extérieure à partir de laquelle on peut charger les scripts nécessaires plutôt qu'écrire ces derniers directement dans la section d'en-tête du document HTML.
- On peut placer un couple de balises `<SCRIPT ...> ... </SCRIPT>` à l'intérieur du corps d'un document HTML (`<BODY> ... </BODY>`).

La plupart de ces informations générales seront reprises plus en détail tout au long de la première partie.

Les commentaires

Outre des instructions proprement dites, un script peut comporter des commentaires destinés à en faciliter la maintenance. Ces commentaires seront ignorés lors de l'exécution du script. Ils peuvent donc comporter n'importe quel caractère. Il en existe de deux formes :

- **Sur une seule ligne.** Tout ce qui suit un double slash (//) dans une ligne est considéré comme du commentaire. Exemples :

```
// Vérification des entrées du formulaire
if (document.forms[0].taxe.value == 0) // Y a-t-il une
                                        ➥taxe ?
```

- **Sur une ou plusieurs lignes.** Ils doivent alors être encadrés : au début par /* ; à la fin par */. Exemples :

```
taxe = 19.6; /* Il faut appliquer la TVA */
/* L'algorithme utilisé dans ce calcul
   est protégé par un copyright */
```

Les boîtes alert()

La boîte `alert()`, que nous avons vue dans le Listing 1.1, est un moyen simple d'afficher temporairement un petit nombre d'informations sans modifier la mise en page de ce qui est affiché dans la fenêtre du navigateur. Aussi en fait-on un assez large usage, soit pour afficher des messages d'erreur, soit au cours de la mise au point des scripts pour afficher des valeurs intermédiaires ou jalonner le cheminement dans le script. Nous en rencontrerons de fréquents exemples par la suite.

Constantes, variables et opérateurs

Les constantes

Il existe plusieurs types de constantes :

- **Les constantes numériques :**
  - **Entières.** Décimales, octales (leur premier chiffre doit être un zéro) et hexadécimales (elles doivent commencer par **0x** et utilisent les symboles 0 à 9 puis A à F). Aucun point ni virgule ne doit y figurer. Exemples : 123, –5, 0777, 0xCAFE.
  - **Flottantes.** Elles s'expriment exclusivement dans le système décimal et comportent un point décimal (équivalent anglo-saxon de notre virgule) séparant la partie entière de la partie fractionnaire et éventuellement un exposant signé précédé de la lettre 0. Exemples : 3.14.15, .865E–3, –45467.2E12.
- **Les constantes chaînes de caractères.** Elles peuvent comporter n'importe quel caractère y compris des diacritiques. Elles doivent être placées entre guillemets ou entre apostrophes. Exemple : 'Pour plus de détails, consulter la "Notice explicative"'. Pour faire figurer une apostrophe dans une chaîne déjà placée entre apostrophes (ou un guillemet dans une chaîne déjà placée entre guillemets), il faut l'"échapper" avec un antislash. Exemple : "Pour plus de détails, consulter la \"Notice explicative\"".
- **Les constantes booléennes.** Elles ne peuvent prendre que deux valeurs : `true` (vrai) et `false` (faux).
- **Les constantes prédéfinies.** Elles ont des noms réservés et leur signification est indiquée dans le Tableau 1.1.

Tableau 1.1 : Constantes prédéfinies

Nom	Signification
`Infinity`	Nombre algébrique supérieur à tout autre nombre exprimé en virgule flottante
`-Infinity`	Nombre algébrique inférieur à tout autre nombre exprimé en virgule flottante
`NaN`	Littéralement "not a number". Toute autre espèce de valeur qu'un nombre
`null`	Pas de valeur ou pas d'objet, selon le cas
`MAX_VALUE`	La plus grande valeur représentable sur le système utilisé
`MIN_VALUE`	La plus petite valeur représentable sur le système utilisé
`undefined`	Valeur non définie

Les variables

Ce sont des conteneurs pouvant recevoir n'importe quelle valeur sans distinction car il n'existe pas de spécificité de type. Un nom de variable peut comporter des lettres (A à Z et a à z) des chiffres (0 à 9) et le blanc souligné (_). Leur nombre n'est pas limité. L'initiale ne doit pas être un chiffre.

Les scalaires

Une seule valeur à un instant donné. Il n'est pas nécessaire de les déclarer explicitement, leur apparition à gauche du signe égale étant généralement suffisante. Toutefois, il existe un mot clé déclaratif : `var`. Exemple :

```
var prix, alpha, resultat;
```

On peut initialiser une variable en même temps qu'on la déclare. Exemples :

```
auteur = "Jean de La Fontaine";
var TVA = 1.196;
```

Les tableaux

Les tableaux sont des agrégats de valeurs de types quelconques, éventuellement mélangés. A l'intérieur d'un tableau, les éléments individuels sont repérés par un indice dont la plus petite valeur vaut 0. Un tableau ne peut avoir qu'une seule dimension, mais rien n'empêche de créer un tableau à deux dimensions en définissant chaque élément du premier tableau comme étant lui-même un tableau. Tout tableau doit être préalablement déclaré.

INFO

Par convention, pour distinguer les tableaux des scalaires, dans tout ce qui suit leur nom sera suivi d'une paire de crochets vides représentative de leur indiçage : `tableau[]`.

Déclaration d'un tableau

Voici trois façons de déclarer un tableau :

```
fleurs = new Array(12);  // Le tableau pourra contenir 12
                         ➥éléments
arbres = ["orme", "peuplier", "chêne", "sapin"]; poissons = [];
```

La deuxième façon crée un tableau qui a implicitement une longueur de quatre éléments et la dernière, un tableau dont la longueur n'est pas définie. Le seul fait de déclarer un tableau autorise l'écriture d'un indice après le nom du tableau. De toute façon, la longueur déclarée initialement ne constitue pas une réelle limite, et si on écrit, par exemple :

```
arbres = ["orme", "peuplier", "chêne", "sapin"];
arbres[5] = "cèdre";
```

le tableau `arbres[]` possédera maintenant six éléments dont le cinquième aura la valeur `undefined` (non défini).

Indiçage d'un tableau à une dimension

La valeur de l'indice d'un élément de tableau peut être représentée par une constante, une variable ou une expression arithmétique, la seule condition étant que cette valeur soit entière et positive ou nulle.

A tout moment, on peut connaître le nombre d'éléments contenus dans un tableau au moyen de sa propriété `length`. Dans notre dernier exemple, `arbres.length` vaut 6.

INFO

Comme nous le verrons plus loin, une propriété doit suivre le nom d'une variable (ou plus généralement d'un objet JavaScript) au moyen d'un point.

Indiçage d'un tableau à deux dimensions

Nous avons vu qu'on pouvait créer un tableau à deux dimensions en indiquant comme éléments d'un premier tableau d'autres tableaux. Exemple :

```
regions = new Array();
regions[0] = new Array();
regions[1] = new Array();

regions[0][0] = "Poitou-Charentes";
regions[0][1] = "Charente";
regions[0][2] = "Charente-Maritime";
regions[0][3] = "Deux-Sèvres";
regions[0][4] = "Vienne";
regions[1][0] = "Languedoc-Rousillon";
regions[1][1] = "Aude";
regions[1][2] = "Gard";
regions[1][3] = "Hérault";
regions[1][4] = "Lozère";
regions[1][5] = "Pyrénées-Orientales";
```

INFO

Pour copier un tableau dans un autre tableau, on doit le faire élément par élément. Si a et b sont des tableaux, on ne peut pas se contenter d'écrire : `a = b;`

Les opérateurs

Les opérateurs arithmétiques

Outre les quatre opérateurs usuels : addition (+), soustraction (–), multiplication (*) et division (/) et l'opérateur modulo (%, qui donne comme résultat le reste de la division entière de deux nombres), il existe deux opérateurs d'incrémentation et de décrémentation qui se notent respectivement ++ et -- et qui permettent de modifier le contenu d'une variable en plus ou en moins d'une seule unité. Il faut distinguer :

- **La préincrémentation.** La variable est incrémentée *avant* d'être utilisée. Dans l'exemple suivant, c vaudra 8 et a, 4, une fois l'addition effectuée :

```
a = 3; b = 4;
c = ++a + b;
```

- **La postincrémentation.** La variable est incrémentée *après* avoir été utilisée. Dans l'exemple suivant, c vaudra 7 et a, 4, une fois l'addition effectuée :

```
a = 3; b = 4;
c = a++ + b;
```

La même distinction existe pour la décrémentation.

L'opérateur d'affectation

Il se note par le signe égale (=) et signifie que la valeur de ce qui est écrit à sa droite est placée dans la variable située à sa gauche. C'est ainsi que l'expression :

```
a = a + 5;
```

signifie que la valeur de la variable a est augmentée de cinq unités.

L'*opérateur de concaténation*

Il sert à réunir (à *concaténer*) deux ou plusieurs chaînes de caractères. Il se représente par le signe + (comme l'addition) et c'est le contexte (les opérandes sur lesquels il porte) qui définit s'il s'agit d'une concaténation ou d'une addition. Exemple :

```
fable = "La cigale" + " et la fourmi";
```

Les opérateurs de comparaison

Ils servent à comparer deux éléments, en général de même nature. Il y en a huit, dont le Tableau 1.2 donne la signification. Si les éléments comparés sont de nature différente, il y aura conversion préalable sauf pour les deux opérateurs à trois caractères de type strict. Ces opérateurs sont presque uniquement utilisés dans des instructions conditionnelles comme le `if`. Leur résultat est une valeur booléenne `true` si la comparaison répond "vrai" ; `false` dans le cas contraire.

Tableau 1.2 : Opérateurs de comparaison

Opérateur	Signification
<	Inférieur à
<=	Inférieur ou égale à
==	Egale à
===	Strictement égale à
!=	Différent de
!==	Strictement différent de
>=	Supérieur ou égale à
>	Supérieur à

Les opérateurs logiques

Ils servent à associer des valeurs booléennes comme le résultat de plusieurs comparaisons. Le Tableau 1.3 indique leur signification. Leur résultat est aussi une valeur booléenne.

Tableau 1.3 : Opérateurs logiques

Opérateur	Signification
&&	ET logique
||	OU logique
!	Négation (opérateur unaire)

Par exemple, l'expression :

```
a < 8 && a > 0
```

aura la valeur `true` si et seulement si a est compris entre 1 et 7, bornes comprises.

Les opérateurs bit à bit

C'est ce qu'on appelle dans la littérature anglo-saxonne les *bitwise operators*. Ils considèrent leurs opérandes comme de simples chaînes de bits sans se préoccuper de ce qu'ils représentent. En conséquence, ils portent le plus souvent sur des valeurs octales ou hexadécimales. Le Tableau 1.4 indique leur signification.

Tableau 1.4 : Opérateurs bit à bit

Opérateur	Signification
&	ET (intersection logique)
|	OU (réunion logique)
^	OU exclusif
~	Complément à 1 (chaque bit est inversé)

Les opérateurs de décalage

Ce sont des opérateurs unaires, c'est-à-dire qu'ils ne portent que sur un seul opérande, qu'ils décalent bit par bit dans une direction ou dans l'autre. Le Tableau 1.5 indique leur signification.

Tableau 1.5 : Opérateurs de décalage

Opérateur	Signification
<<	Décalage logique vers la gauche
>>	Décalage logique vers la droite
>>>	Décalage arithmétique (avec propagation du signe) vers la droite

L'*association d'opérateurs*

Lorsqu'une même variable apparaît des deux côtés du signe égale, on peut simplifier l'écriture en associant un opérateur au signe égale. Exemples :

```
a += 5;  // la valeur de a est majorée de cinq unités
z = "la cigale";             // z contient maintenant :
z += " et la fourmi";        // "la cigale et la fourmi"
```

Les opérateurs spéciaux

Il faut citer tout d'abord l'opérateur conditionnel ternaire, qui permet de choisir entre deux valeurs selon le résultat d'une comparaison. Exemple :

```
taxe = prix < 100 ? prix * .1 : prix * .05;
```

Cela signifie que la valeur de `taxe` sera égale à 10 % de `prix` si celui-ci est inférieur à 100 ou à 5 % dans le cas contraire.

Il existe six autres opérateurs un peu particuliers qu'on rencontre plus rarement et qui sont décrits dans le Tableau 1.6.

Tableau 1.6 : Opérateurs spéciaux

Opérateur	Signification
`delete`	Suppression d'un objet, d'un de ses éléments ou d'une de ses propriétés
`new`	Création d'une instance d'un objet
`this`	Référence à l'objet courant
`typeof`	Type de l'objet
`void`	Vide (sert principalement à évaluer une expression dans certains cas)
`,`	Séparateur des éléments d'une liste

La priorité des opérateurs

Le Tableau 1.7 indique la priorité respective des opérateurs en allant dans le sens croissant. A priorité égale, les opérations s'effectuent de gauche à droite.

Tableau 1.7 : Priorité des opérateurs

<table>
<tr><th>Nom de l'opérateur</th><th>Représentation</th></tr>
<tr><td>Virgule</td><td>,</td></tr>
<tr><td>Affectation</td><td>= += -= *= /= %= < <= > >= > >> = &= ||= ^=</td></tr>
<tr><td>Ternaire</td><td>? :</td></tr>
<tr><td>OU logique</td><td>||</td></tr>
<tr><td>ET logique</td><td>&&</td></tr>
<tr><td>OU inclusif bit à bit</td><td>|</td></tr>
<tr><td>OU exclusif bit à bit</td><td>^</td></tr>
</table>

Tableau 1.7 : Priorité des opérateurs *(Suite...)*

Nom de l'opérateur	Représentation
ET bit à bit	&
Comparaison	= != < <= >= >
Décalage	<< >> >>>
Addition/soustraction	+ -
Produit/quotient	* /
Négation/complément/incrément	! ~ ++ --
Spéciaux	`typeof void delete`
Appel de fonction	()
Création d'une instance	`new`
Membre	. ou [ ]

Propriétés, méthodes et fonctions

Les propriétés

Une propriété, c'est une des caractéristiques d'un objet. Nous en avons déjà rencontré un exemple dans la section précédente : la propriété `length` d'un tableau qui représente le nombre de ses éléments. Tous les objets de JavaScript ont des propriétés qui dépendent de la nature de ces objets. Ainsi, une fenêtre a une propriété `height` (hauteur) et `width` (largeur), propriétés qui n'auraient aucun sens pour un tableau. Nous allons en donner un exemple à propos de l'objet `document`, qui est l'un des plus importants de JavaScript car il correspond au document HTML couramment affiché dans la fenêtre du navigateur. Le Tableau 1.8 donne la liste des propriétés reconnues ensemble par Internet Explorer et Netscape Navigator et qui sont les plus utilisées.

Tableau 1.8 : Propriétés de l'objet document

Propriété	Signification
`alinkColor`	Couleur d'affichage des liens activés
`anchors[]`	Tableau renfermant tous les ancrages du document
`applets[]`	Tableau des objets Java
`bgColor`	Couleur d'arrière-plan de la page
`embeds[]`	Tableau des objets incorporés
`fgColor`	Couleur d'avant-plan de la page
`forms[]`	Tableau de tous les formulaires présents dans la page
`images[]`	Tableau renfermant toutes les images contenues dans la page
`lastModified`	Chaîne de caractères représentant la date de dernière modification de la page
`linkColor`	Couleur d'affichage des appels de liens non encore activés
`links[]`	Tableau renfermant tous les appels de liens de la page
`location`	URL de la page courante
`plugins[]`	Tableau renfermant tous les appels d'objets de type plug-in
`referrer`	URL du document qui a appelé la page courante
`title`	Chaîne de caractères contenant le titre affiché dans la barre de titre de la page
`URL`	Chaîne de caractères équivalente, pour Internet Explorer, à la propriété `location`
`vlinkColor`	Couleur d'affichage des liens visités

Pour connaître la valeur d'une propriété, il faut accoler le nom de la propriété à celui de l'objet au moyen d'un point. L'instruction :

```
alert(document.images[0].src)
```

affichera le nom du fichier de la première image affichée dans le document. Dans la séquence suivante :

```
<FORM NAME="formu">
<INPUT TYPE="button"
   onClick="alert(document.forms[0].elements[1].value)"
   VALUE="cliquez ici">
<INPUT TYPE="text" NAME="saisie" SIZE=5>
</FORM>
```

on affiche la valeur de la propriété `value` du deuxième élément (`elements[1]`) du premier formulaire (`forms[0]`) du document. Comme chacun des éléments du formulaire a un attribut `NAME`, on aurait pu aussi bien écrire :

```
alert(document.formu.saisie.value)
```

Ce qu'il faut retenir, c'est que cette désignation en cascade part de l'objet le plus élevé dans l'arborescence des objets (ici, le document) pour aller vers l'élément particulier auquel on s'intéresse sans omettre aucune étape intermédiaire dans l'emboîtage des éléments.

INFO

Normalement, la cascade des noms d'éléments devrait commencer par `window`, mais, comme cet objet (la fenêtre du navigateur) est celui qui a le rang le plus élevé dans la hiérarchie globale des objets, il est presque toujours implicite.

Les méthodes et fonctions prédéfinies de JavaScript

Fonctions et méthodes font pratiquement le même travail, mais, alors qu'une fonction a un caractère générique, une méthode est attachée à un objet particulier : `document`, `frame`, `form`, `image`, `window`, etc. Par convention, lorsqu'on parle d'une fonction ou d'une méthode, son nom est toujours suivi d'une paire de parenthèses vides. La forme générale d'écriture d'une méthode est `objet.fonction()`. Selon le cas, une méthode peut avoir 0, 1 ou plusieurs arguments. Une fonction s'écrit généralement : `fonction(argument)`, sauf lorsqu'elle appartient à l'objet `Math`.

Quelques fonctions utiles

Le Tableau 1.9 présente, classées par ordre alphabétique, les fonctions prédéfinies les plus utilisées de JavaScript.

Tableau 1.9 : Quelques fonctions prédéfinies de JavaScript

Fonction	Signification
`Math.abs()`	Valeur absolue
`ceil()`	Plus petit entier immédiatement supérieur ou égale à l'argument
`Math.cos()`	Cosinus
`escape()`	"Echappe" les caractères non alphanumériques d'une chaîne de caractères
`eval()`	Evalue une chaîne de caractères en une valeur numérique
`Math.exp()`	$e^{argument}$
`floor()`	Plus grand entier immédiatement inférieur ou égale à l'argument
`isFinite()`	Renvoie `true` si son argument est un nombre non infini
`isNan()`	Renvoie `true` si son argument n'est pas un nombre

Tableau 1.9 : Quelques fonctions prédéfinies de JavaScript *(Suite...)*

Fonction	Signification
`Math.log()`	Logarithme népérien
`max()`	Le plus grand des deux arguments
`min()`	Le plus petit des deux arguments
`Number()`	Convertit l'objet passé en argument en une valeur numérique
`parseInt()`	Convertit une chaîne de caractères en un entier exprimé dans une base de numération donnée
`parseFloat()`	Convertit une chaîne de caractères en un nombre réel exprimé dans une base de numération donnée
`Math.pow()`	Premier argument élevé à la puissance du second argument
`Math.random()`	Génère un nombre pseudo-aléatoire
`round()`	Valeur de l'argument arrondie à l'entier le plus proche
`Math.sin()`	Sinus
`Math.sqrt()`	Racine carrée
`Math.tan()`	Tangente
`unescape()`	Restitue les caractères normaux à partir d'une chaîne "échappée"

Exemple :

```
a = "10110000101011"
alert(parseInt(a, 2));
```

renverra la valeur 11307, qui est le résultat de la conversion du nombre binaire 10110000101011 en décimal. Dans l'appel à `parseInt()` (comme dans celui de `parseFloat()`), on indique en premier argument la valeur à convertir et en second argument la base de conversion. Si cette base est 10, on peut se contenter du premier argument.

Quelques méthodes utiles

Les appels aux méthodes peuvent être imbriqués comme dans cet exemple :

```
document.write("La Cigale et la Fourmi.".toUpperCase());
```

qui affichera : LA CIGALE ET LA FOURMI.

L'objet sur lequel porte `write()` est le document et celui sur lequel porte `toUpperCase()` est la chaîne de caractères "La Cigale et la Fourmi".

Nous nous limiterons aux méthodes les plus employées des objets `document`, `String` et `Window`.

Objet document

Méthodes de l'objet document

Méthode	Signification
`close()`	Referme le document en cours d'utilisation
`write()`	Ecriture dans un document

Objet String

Méthodes de l'objet String

Méthode	Signification
`big()`	Affichage avec une police d'un corps supérieur au corps courant
`blink()`	Fait clignoter le texte

Méthodes de l'objet String *(Suite...)*

Méthode	Signification
`bold()`	Affichage en gras
`charAt()`	Renvoie le caractère situé à la position indiquée en argument
`concat()`	Renvoie une chaîne de caractères formée de la concaténation des chaînes de caractères passées en argument
`fixed()`	Affichage avec une police à pas fixe
`fontcolor()`	Affichage
`fontsize()`	Fixe le corps de la police de caractères à la valeur passée en argument
`indexOf()`	Renvoie la position du caractère d'une chaîne situé à la position définie en argument et comptée de gauche à droite
`italics()`	Affichage en italique
`lastIn-dexOf()`	Renvoie la position du caractère d'une chaîne situé à la position définie en argument et comptée de droite à gauche
`slice()`	Extrait une sous-chaîne commençant à la position indiquée en premier argument, d'une longueur définie par le second argument
`small()`	Affichage avec une police d'un corps inférieur au corps courant
`split()`	Transforme une chaîne de caractères en un tableau de chaînes de caractères
`sub()`	Affichage en indice
`substr()`	Renvoie une sous-chaîne définie par son origine (premier argument) et sa longueur (second argument)

Méthodes de l'objet String *(Suite...)*

Méthode	Signification
`substring()`	Renvoie une sous-chaîne définie par son origine (premier argument) et le premier caractère après son extrémité (second argument)
`sup()`	Affichage en exposant
`toLower-Case()`	Conversion d'une chaîne de caractères en minuscu-les
`toUpper-Case()`	Conversion d'une chaîne de caractères en majuscu-les

Objet Window

Rappelons que l'objet `Window` étant au sommet de la hiérarchie des objets de JavaScript, il est inutile de faire précéder le nom de la méthode par le mot `Window` lorsqu'il s'agit de la fenêtre principale. Mais si on travaille avec une fenêtre auxiliaire, on doit indiquer le nom de cette fenêtre avant celui de la méthode.

Méthodes de l'objet *Window*

Méthode	Signification
`alert()`	Affiche le texte dans une boîte pourvue d'un bou-ton OK
`confirm()`	Affiche une boîte de dialogue comprenant un libellé défini en argument, un bouton OK et un bouton Annuler
`moveBy()`	Déplace la fenêtre jusqu'à la position relative dont les coordonnées relatives sont passées en argument
`moveTo()`	Déplace la fenêtre jusqu'à la position relative dont les coordonnées absolues sont passées en argu-ment
`open()`	Crée une nouvelle fenêtre

Méthodes de l'objet *Window (Suite...)*

Méthode	Signification
`print()`	Imprime le document courant
`prompt()`	Affiche une boîte de saisie comportant un libellé défini en argument, une zone de saisie, un bouton OK et un bouton Annuler
`resizeBy()`	Redimensionne une fenêtre selon les dimensions relatives passées en argument
`resizeTo()`	Redimensionne une fenêtre selon les dimensions absolues passées en argument
`scrollBy()`	Déplace une fenêtre des quantités relatives passées en argument
`scrollTo()`	Déplace une fenêtre des quantités absolues passées en argument

Les fonctions utilisateur

Comme dans la plupart des langages de programmation, les fonctions utilisateur JavaScript servent à appeler des séquences d'instructions qui sont exécutées à plusieurs endroits d'un même script, évitant ainsi d'avoir à répéter chaque fois, une par une, chacune des instructions qui les composent. Avant de pouvoir être utilisée, une fonction doit être déclarée. On place habituellement ces déclarations en tête du script. Voici l'exemple de la déclaration d'une fonction qui renvoie la demi-somme des deux arguments qui lui sont passés :

```
function demi_somme(a, b)
{ c = (a + b) / 2;
  return c;
}
```

Pour appeler cette fonction, on pourrait écrire :

```
alert(demi_somme(prix, 345));
```

`prix` étant une variable quelconque mais possédant déjà une certaine valeur.

Dans la déclaration de la fonction, les noms de variables placés dans la liste d'entrée (à l'intérieur des parenthèses) sont des noms fictifs qui seront remplacés lors de l'appel par les valeurs transmises dans cet appel. Le résultat (toujours unique) est renvoyé par l'instruction `return`. Une fonction peut ne pas avoir de résultat. Ce serait le cas, par exemple, si elle se contentait d'afficher des informations dans une boîte `alert()`. S'il n'y a pas de résultat à renvoyer, il n'est même pas nécessaire d'écrire `return`, le retour s'effectuant automatiquement lorsqu'il n'y a plus d'instructions à exécuter. Inversement, dans une fonction complexe où l'algorithme de calcul teste diverses conditions, on peut trouver plusieurs instructions `return` dont, évidemment, une seule sera exécutée. Le bloc des instructions à exécuter doit obligatoirement être placé à l'intérieur d'une paire d'accolades.

Dans notre exemple, on aurait pu écrire, plus simplement :

```
function demi_somme(a, b)
{ return (a + b) / 2;
}
```

Depuis l'intérieur d'une fonction, on peut connaître le nombre des arguments passés au moyen de la propriété `arguments.length` car les arguments passés à une fonction sont regroupés dans le tableau générique `arguments[]`. On peut ainsi passer à une fonction moins d'arguments qu'elle n'en attend sans pour autant aboutir à un résultat inexact.

Les fonctions utilisateur JavaScript sont récursives, c'est-à-dire qu'elles peuvent s'appeler elles-mêmes.

La visibilité d'une variable

Les variables déclarées à l'extérieur des fonctions peuvent être "vues" depuis l'intérieur de ces fonctions. On dit qu'elles sont *globales*. Mais les variables déclarées à l'intérieur d'une fonction sont dites *locales* car elles ne sont généralement pas visibles depuis l'extérieur de la fonction, c'est-à-dire qu'on ne peut ni les modifier ni connaître leur valeur. Ce sera toujours le cas si elles sont déclarées avec le mot clé `var`. Si elles sont déclarées contextuellement, elles deviendront visibles de l'extérieur de la fonction à partir du moment où celle-ci aura été appelée. L'exemple suivant fera mieux comprendre cette notion.

```
<SCRIPT LANGUAGE="JavaScript">
function f(a, b)
{ toto =1234;
  // calculs quelconques
}
x = f(3,4);
alert(toto);
</script>
```

Tel quel, ce script affiche bien 1234 dans sa boîte `alert()` mais, si on "commente" l'appel à la fonction `f()` pour qu'elle ne soit plus exécutée, au moment où sera effectué l'appel à `alert(toto)` la valeur de `toto` n'aura pas été déclarée et sera donc `undefined`, ce qui provoquera une erreur d'exécution forçant la terminaison du script. D'un autre côté, si on modifie la déclaration de `toto` dans `f()` en écrivant `var toto = 1234;`, `toto` deviendra toujours invisible depuis l'extérieur de `f()`.

Structures de contrôle

Les instructions conditionnelles

Comme un programme, un script n'est pas un long fleuve tranquille. Il doit faire des comparaisons, étudier certaines conditions et prendre des chemins différents en conséquence de leur résultat.

if

La forme générale de cette instruction ("if" signifie "si") est la suivante :

```
if (condition)
{  ... bloc d'instructions ...
}
```

La condition testée est une association d'opérations de comparaison ou une simple valeur booléenne. Si le résultat de l'évaluation est `true`, le bloc d'instructions entre accolades qui suit est exécuté. Sinon il est ignoré. Lorsque ce bloc ne contient qu'une seule instruction, on peut omettre les accolades. Exemple :

```
if (prix > 10000)
{ remise = 10;
  frais_de_port = 0;
}
```

else

Le `else` permet d'exécuter un second bloc lorsque la condition testée n'est pas vérifiée. On exploite ainsi les deux possibilités. De même que pour le `if`, les accolades ne sont pas indispensables lorsque le second bloc d'instructions ne contient qu'une seule instruction. Exemple dans le cas général :

```
if (prix > 10000)
{ remise = 10;
  frais_de_port = 0;
}
else
{ remise = 5;
  frais_de_port = 50;
}
```

else if

Cette instruction permet de cascader les tests. Ses règles d'emploi sont inspirées de celles des deux précédentes. En voici un exemple :

```
if (nombre > 0)
  alert ("Positif");
  else if (nombre < 0)
    alert ("Négatif");
     else
       alert("Nul");
```

switch

Cette instruction permet de réaliser un aiguillage multidirectionnel. Sa forme générale est :

```
switch (variable)
{ case valeur1 : bloc d'instructions 1
                 break;
  case valeur2 : bloc d'instructions 2
                 break;
    . . .
  case valeurn : bloc d'instructions n
                 break;
  default       : dernier bloc d'instructions
}
```

La variable est comparée à la suite de valeurs (qui sont obligatoirement des constantes) et, lorsqu'il y a égalité, le bloc d'instructions qui suit est exécuté. L'instruction `break` permet d'éviter que, lorsqu'on termine l'exécution d'un certain bloc d'instructions, on ne "tombe" dans celui qui suit. Son effet est de faire sortir du `switch`. Le bloc qui suit la clause `default` sera exécuté si aucune des conditions qui précèdent n'est satisfaite. Il est évidemment inutile de le faire suivre d'un `break`.

Les instructions de boucle

On est souvent amené à répéter un bloc d'instructions pour une succession de valeurs dont l'évolution obéit à une loi régulière, par exemple pour explorer toutes les valeurs d'un tableau ou bien pour effectuer un certain traitement tant qu'une certaine variable est située dans un intervalle défini.

for

Elle permet de répéter un bloc d'instructions en faisant automatiquement progresser une certaine variable à chaque répétition. Sa forme générale est :

```
for (expression initiale;
     condition de répétition;
     progression de la variable)
{    bloc d'instructions
}
```

Ordinairement, les trois éléments placés entre parenthèses sont écrits sur une seule ligne, comme dans l'exemple suivant, qui permet de calculer la somme de tous les éléments d'un tableau `t` contenant cent valeurs :

```
somme = 0;
for (i=0; i<100; i++
{ somme += t[i];
}
```

L'*expression initiale* est évaluée, donnant ainsi à la variable de boucle une valeur initiale. Ensuite, le bloc d'instructions est exécuté. On fait alors progresser la variable de boucle selon ce qui est indiqué par *progression de la variable* (par exemple : `i++`, pour la faire progresser d'une unité) et on teste la *condition de répétition*. Si cette condition est satisfaite, la boucle est répétée avec la nouvelle valeur de la variable. Lorsque la condition n'est plus satisfaite, on sort de la boucle, la variable de boucle conservant la valeur qui a permis de sortir de la boucle.

INFO

Le bloc d'instructions qui suit un `for` est toujours exécuté au moins une fois.

break

On peut, à tout moment, sortir de la boucle sans avoir parcouru toutes les valeurs, au moyen de l'instruction `break;` (qui a ici le même rôle que dans l'instruction `switch`). En voici un exemple qui fait la somme des éléments d'un tableau et s'arrête dès que cette somme est supérieure à 1000 :

```
somme = 0;
for (i=0; i<100; i++
{ somme += t[i];
  if (somme > 1000) break;
}
```

continue

On peut aussi sauter tout ou partie des instructions du bloc tout en parcourant toute la progression prévue au moyen de l'instruction `continue;` qui a pour effet de sauter directement à la progression de la variable. En voici un exemple qui fait la somme de tous les éléments positifs d'un tableau :

```
somme = 0;
for (i=0; i<100; i++
{ if (t[i] <= 0) continue;
  somme += t[i];
}
```

Notez que cet exemple est ce qu'on appelle "un cas d'école" car il aurait été plus habile d'écrire, en inversant le test :

```
somme = 0;
for (i=0; i<100; i++
{ if (t[i] > 0) somme += t[i];
}
```

On trouvera un exemple d'utilisation de `switch` et de `for` au Chapitre 2 dans la section "La doctrine de Clemenceau".

while

Cette instruction permet de répéter un bloc d'instructions *tant que* (`while`) la condition spécifiée est vérifiée. Sa forme générale est la suivante :

```
while (condition)
{    bloc d'instructions ...
}
```

Il faut évidemment que dans le bloc qui suit le *while* on fasse évoluer les éléments qui interviennent dans l'expression de la condition, faute de quoi on tournerait perpétuellement (enfin... très longtemps) en rond. Dans ce cas, avec Internet Explorer, une boîte de message s'affichera, demandant à l'utilisateur s'il veut poursuivre ou arrêter le traitement. Si la condition n'est pas vérifiée initialement, le bloc d'instructions n'est jamais exécuté. On trouvera un exemple de `while` au Chapitre 2 dans la section "La doctrine de Clemenceau".

do... while

C'est une autre façon d'écrire le *while* en reportant le test en fin de boucle. Sa forme générale est :

```
do
{   ... bloc d'instructions ...
} while (condition);
```

Ici, comme pour le *for*, on exécute toujours au moins une fois le bloc d'instructions.

Dates et minuteries

Les dates

Pour JavaScript, une date est un objet comme un autre. Cet objet contient les éléments suivants :

- L'année, exprimée sur deux ou quatre chiffres. Dans le premier cas, 0 correspond à 1970.

- Le mois, exprimé par un nombre compris entre 0 (janvier) et 11 (décembre).
- Le jour du mois, exprimé par un nombre compris entre 1 et 31.
- Le jour de la semaine, exprimé par un nombre compris entre 0 (dimanche) et 6 (samedi).
- L'heure, exprimée par un nombre compris entre 0 et 23.
- Les minutes, exprimées par un nombre compris entre 0 et 59.
- Les secondes, exprimées par un nombre compris entre 0 et 59.
- Les millisecondes, exprimées par un nombre compris entre 0 et 999.
- Le fuseau horaire correspondant à la localisation géographique du lieu où se trouve la machine utilisée. Il est exprimé en minutes **d'arc** par un nombre entier algébrique compris entre –1440 et +1440. L'origine (0) est le méridien de Greenwich. Pour la France, ce nombre vaut –120 en heure d'été et –60 en heure d'hiver.

Ces éléments peuvent être exprimés selon deux conventions :

- **L'heure locale.** Celle du lieu où le script est exploité.
- **Le temps UTC.** Quand il est 19 heures à Paris au mois de mai, l'heure UTC est 17 heures.

Pour créer un objet `Date` correspondant au jour courant, il suffit d'écrire :

```
aujourdhui = new Date();
```

Il y a plusieurs façons de créer un objet `Date` correspondant à une autre date, selon la précision souhaitée (seulement la date, la date et l'heure et, pour celle-ci, avec quelle précision). Exemple :

```
naissance_de_Mozart = new Date(1756, 0, 27); // le 26
➥janvier 1756
```

Comme nous allons le voir, l'objet `Date` possède de nombreuses méthodes qui permettent d'en extraire toutes les informations souhaitées. Considérons l'exemple suivant :

```
naissance_de_Mozart = new Date(1756, 0, 27);
document.write(naissance_de_Mozart + "<BR>");
s = "Mozart est né le "
     + naissance_de_Mozart.getDate() + "/"
     + naissance_de_Mozart.getMonth()+1 + "/"
     + naissance_de_Mozart.getYear();
document.write(s);
```

Avec Internet Explorer, on affichera :

```
Tue Jan 27 00:00:00 UTC+0100 1756
Mozart est né le 27/01/1756
```

Avec Netscape Navigator, on affichera :

```
Tue Jan 27 00:00:00 GMT+0100 (Paris, Madrid) 1756
Mozart est né le 27/01/-144
```

Avec Opera, on affichera :

```
Tuesday, 27 January 1756 00:00:00 GMT+0100 (Paris, Madrid)
Mozart est né le 27/01/-144
```

Avec Netscape Navigator et Opera, pour obtenir une année comptée de la façon habituelle, il aurait fallu utiliser `getFul-lYear()` au lieu de `getYear()`.

Le Tableau 1.10 présente les principales méthodes de lecture de l'objet `Date` et le Tableau 1.11, ses principales méthodes d'écriture.

Ces méthodes renvoient une date en coordonnées "civiles". A l'exception de `getTime()`, il existe les mêmes pour le temps

Tableau 1.10 : Principales méthodes de lecture de l'objet *Date*

Méthode	Résultat
`getDate()`	Numéro du jour du mois
`getDay()`	Numéro du jour de la semaine (Dimanche : 0)
`getFullYear()`	Année sur quatre chiffres
`getHours()`	Heure comptée de 0 à 23
`getMilliseconds()`	Millisecondes comptées entre 0 et 999
`getMinutes()`	Minutes comptées de 0 à 59
`getMonth()`	Numéro du mois compté entre 0 et 11
`getSeconds()`	Secondes comptées entre 0 et 59
`getTime()`	Nombre de millisecondes écoulées entre le 1er janvier 1970 et l'instant présent
`getYear()`	Année sur deux chiffres (0 correspond à 1970)

UTC. Leur nom s'obtient en insérant "UTC" immédiatement après "get". Exemple : `getUTCMonth()`.

Tableau 1.11 : Principales méthodes d'écriture de l'objet *Date*

Méthode	Résultat
`setDate()`	Définit le numéro du jour du mois
`setFullYear()`	Définit une année avec quatre chiffres
`setHours()`	Définit une heure comptée de 0 à 23
`setMilliseconds()`	Définit un nombre de millisecondes comptées entre 0 et 999

Tableau 1.11 : Principales méthodes d'écriture de l'objet *Date (Suite...)*

Méthode	Résultat
`setMinutes()`	Définit un nombre de minutes comptées de 0 à 59
`setMonth()`	Définit le numéro du mois compté entre 0 et 11
`setSeconds()`	Définit un nombre de secondes comptées entre 0 et 59
`setYear()`	Définit une année sur deux chiffres (0 correspond à 1970)

Ces méthodes créent un élément de date en coordonnées "civiles". A l'exception de `setTime()`, il existe les mêmes pour le temps UTC. Leur nom s'obtient en insérant "UTC" immédiatement après "set". Exemple : `setUTCMonth()`.

L'objet `Date` possède bien quelques méthodes, mais elles ne sont guère utiles, sauf dans des cas particuliers. Aussi n'en dirons-nous rien ici.

INFO

On trouvera plusieurs exemples d'application de l'objet `Date` et des minuteries un peu partout dans le Chapitre 2.

Les minuteries

Une minuterie permet de déclencher une certaine action une seule fois ou plusieurs fois, au bout d'un intervalle fixé à l'avance. Il n'existe pas d'objet JavaScript particulier "minuterie".

Minuterie à un seul coup

setTimeout()
Elle s'emploie de la façon suivante :

```
identificateur = setTimeout(action, délai);
```

avec :

- *identificateur*. Variable qui recevra un identificateur permettant, par exemple, d'arrêter le décompte de temps avant le déclenchement.
- *action*. Chaîne de caractères contenant généralement le nom de la fonction utilisateur qui sera appelée à l'expiration du délai fixé.
- *délai*. Intervalle de temps exprimé en millisecondes.

clearTimeout()
Cette méthode permet d'arrêter une minuterie avant l'expiration du délai fixé dans sa création. Elle s'emploie sous la forme :

```
clearTimeout(identificateur);
```

où *identificateur* est le nom de la variable contenant le "nom" de la minuterie.

Minuterie répétitive

setInterval()
Elle s'emploie sous la même forme que `setTimeout()`, mais l'action indiquée sera relancée périodiquement, avec un intervalle correspondant au second argument passé à la méthode.

clearInterval()
Elle s'emploie sous la même forme que `setInterval()`. Elle arrête le déclenchement répétitif de l'action.

Gestion des événements

La gestion généralisée des événements dans JavaScript est quelque chose de compliqué, d'autant plus que Netscape et Microsoft ont adopté une méthodologie différente et, naturellement, incompatible. Aussi nous contenterons-nous d'aborder la gestion des événements les plus courants, considérés individuellement, pour quelques objets JavaScript.

Pour prendre en charge un événement, on place dans la balise qui est en rapport avec cet événement (donc dans le corps du document HTML) un appel à un *gestionnaire d'événement* écrit dans la partie JavaScript du même document HTML, généralement dans sa section d'en-tête. Exemple :

```
   ...
<script language=javascript>
function traiter_clic()
{   ... instructions de traitement ...
}
</script>
</head>
<body>
<form>
<input type="text" value="Cliquez ici" onClick="traiter
➥clic()>
</form>
   ...
```

INFO

Le Chapitre 2 contient de nombreux exemples de traitement des événements.

Le clavier

Le Tableau 1.12 présente les trois événements du clavier les plus utilisés.

Tableau 1.12 : Principaux événements du clavier

Evénement	Signification
onKeyDown	L'utilisateur a cliqué sur l'un des boutons de la souris
onKeyPress	Pratiquement identique au précédent
onKeyUp	L'utilisateur a relâché l'un des boutons de la souris

Dans la pratique, on évite d'utiliser onKeyUp, et on lui préfère onKeyPress, qui traduit le fait qu'une touche a été enfoncée puis relâchée. Dans l'exemple ci-dessous, le caractère qui vient d'être tapé ne sera effectivement affiché dans la boîte alert() que s'il a été tapé dans la troisième boîte de saisie. Dans les deux autres cas, il ne sera affiché que lorsque l'on tapera un autre caractère.

```
<SCRIPT language="JavaScript">
function voir(s)
{ alert(s);
}
</SCRIPT>
</HEAD>
<BODY>
<FORM>
<INPUT type="input" value="" onkeypress="voir(this.value)">
<INPUT type="input" value="" onkeyDown="voir(this.value)">
<INPUT type="input" value="" onkeyUp="voir(this.value)">
</FORM>
```

La souris

Le Tableau 1.13 présente les événements de la souris les plus utilisés.

Tableau 1.13 : Principaux événements de la souris

Evénement	Signification
onMouseDown	L'utilisateur vient d'enfoncer un bouton de la souris
onMouseUp	L'utilisateur vient de relâcher un bouton de la souris
onMouseMove	L'utilisateur déplace sa souris sur l'objet où est placé l'appel au gestionnaire d'événement
onMouseOver	La souris se trouve sur l'objet où est placé l'appel au gestionnaire d'événement
onMouseOut	La souris sort de l'objet où est placé l'appel au gestionnaire d'événement

Voici un exemple de gestion de l'événement onMouseOver pour une image.

```
<IMG SRC="5.gif" onMouseOver="voir(5)">
```

Malheureusement, si cet événement est bien reconnu par Internet Explorer et Opera, il est ignoré par Netscape Navigator lorsqu'il est appelé, comme ici, depuis une image. Pour qu'il soit reconnu, il faut inclure la balise <IMG> à l'intérieur d'une balise <A>, comme ceci :

```
<A HREF="#" onMouseOver="voir(5)">
<IMG SRC="6.gif" border="0">
</A>
```

Les formulaires

Le Tableau 1.14 présente les événements de formulaires les plus utilisés.

Tableau 1.14 : Principaux événements de formulaires

Evénement	Signification
`onBlur`	Un champ d'entrée du formulaire a perdu le *focus*
`onChange`	Le contenu d'un champ d'entrée de formulaire a été modifié
`onClick`	On a cliqué sur un bouton de formulaire
`onFocus`	Un champ d'entrée du formulaire a gagné le *focus*
`onReset`	On a cliqué sur le bouton Reset du formulaire
`onSubmit`	On a cliqué sur le bouton Submit du formulaire

INFO

On dit qu'un objet a le *focus* lorsqu'il est destinataire des saisies du clavier.

L'événement `onChange` ne se produit que lorsque la saisie est terminée et qu'on quitte le champ par une frappe sur la touche Tab. L'événement `onFocus` se produit lorsque, par exemple, par un appui sur la touche Tab ou un clic de souris, on sélectionne une boîte de saisie. L'événement `onClick` est probablement le plus utilisé, principalement avec les balises `<INPUT TYPE="button" ... >`.

INFO

L'interception de l'événement `Submit` par un script permet, par exemple, de vérifier les données d'un formulaire avant de les envoyer au serveur.

Le document HTML

Le Tableau 1.15 présente les deux événements liés au document HTML.

Tableau 1.15 : Evénements liés au document HTML

Evénement	Signification
`onLoad`	Le document HTML vient d'être entièrement chargé dans la fenêtre du navigateur
`onUnload`	Le document HTML actuel est remplacé par un autre

L'événement `onLoad` est très utilisé pour initialiser certaines fonctionnalités du script alors que l'événement `onUnload` permet de déclencher des actions de nettoyage comme la fermeture de fenêtre(s) auxiliaires(s) ouverte(s) par un script.

La fenêtre

Le Tableau 1.16 présente les événements liés à la fenêtre du navigateur.

Tableau 1.16 : Evénements liés à la fenêtre du navigateur

Evénement	Signification
`onMove`	La fenêtre a été déplacée (non reconnu par Internet Explorer et Opera)
`onResize`	Les dimensions de la fenêtre ont été modifiées (non reconnu par Opera)

Pour être reconnu, l'appel à `onResize` doit être placé dans la balise `<BODY>`, de cette façon :

```
<BODY onResize='dimensions()>
```

Chapitre 2

JavaScript au travail

Dans cette deuxième partie, nous allons voir JavaScript au travail sur de courtes séquences illustrant tel ou tel point du langage qui seront précisés en tête de chaque section. Sauf exception dûment signalée, ces scripts tournent sous Internet Explorer, Netscape Navigator et, parfois, Opera. En tête de chaque section, on trouvera une liste des éléments principaux de JavaScript illustrés dans l'exemple.

INFO

Aucun des scripts mettant en œuvre DHTML ne tourne avec Opera. Pour en savoir la raison, on pourra consulter la page du site de son éditeur à l'URL **http://www.opera.com/docs/specs/**.

1 2 3 4 5 6 7 8 9 = 100 ?

Points principaux

`for`, `Date`, fenêtre auxiliaire, `if ... else`, `switch`, opérateur ternaire.

On se propose de trouver de quelle façon on peut associer les chiffres 1 à 9 avec les quatre opérateurs usuels de l'arithmétique de façon que la combinaison donne un total valant exactement 100. Le Listing 2.1 propose une solution du type de celles qu'on appelle *brute force* dans la littérature technique anglo-saxonne. En effet, il n'y a pas d'algorithme évident, aussi allons-nous essayer toutes les combinaisons possibles. On doit toujours aller jusqu'au bout des essais, même si le total partiel dépasse 100, car la présence du signe moins peut parfois ramener ce résultat partiel à un résultat correct. D'autre part, les tests supplémentaires à réaliser pour arrêter certaines combinaisons risqueraient d'augmenter le temps de traitement au lieu de le diminuer. Précisons, pour fixer les idées, qu'il y a neuf combinaisons possibles. Les calculs se font en nombres réels (1/2 donne 0,5).

Listing 2.1 : *cent.htm*

```
<HTML>
<HEAD>
<TITLE>1 2 3 4... = 100</TITLE>
<script language="JavaScript">
var ouvert=false

function vazy()
{ if (ouvert) affichage.close();
  ouvert = true;

  affichage = open("", "", "height=200,width=350");
  affichage.document.write("<PRE>");
  v = new Array(8);
  op = new Array ('+', '-', '*', '/');
  depart = new Date();
  var nombre_de_solutions = 0;
  var temps_total = 0;

  for (v[0]=0; v[0]<4; v[0]++)
   for (v[1]=0; v[1]<4; v[1]++)
    for (v[2]=0; v[2]<4; v[2]++)
     for (v[3]=0; v[3]<4; v[3]++)
```

```
      for (v[4]=0; v[4]<4; v[4]++)
       for (v[5]=0; v[5]<4; v[5]++)
        for (v[6]=0; v[6]<4; v[6]++)
         for (v[7]=0; v[7]<4; v[7]++)
         { z = 1;
           for (i=2; i<=9; i++)
           { switch (v[i-2])
             { case 0 : z += i;
                        break;
               case 1 : z -= i;
                        break;
               case 2 : z *= i;
                        break;
               case 3 : z /= i;
             }
           }
           if (z == 100 )
           { resultat = ""
             for (j=0; j<=8; j++)
              resultat += (j+1) +  (j==8 ? " =" : op[v[j]]);
             nombre_de_solutions++;
             temps = temps_ecoule(depart);
             temps_total += temps;
             affichage.document.write(resultat + " " + z
                          +"     " + edit(temps) +  "<BR>");
             depart = new Date();
           }
         }
         affichage.document.write("<P>On a trouvé "
                    + nombre_de_solutions + " solutions en "
                    + edit(temps_total) +  " secondes.
                      ➥</PRE>");
}
//-----------------------------------------------------
function temps_ecoule(depart)
{ var temps = new Date();
  return Math.ceil((temps.getTime() - depart.getTime())
  ➥/100);
}
//-----------------------------------------------------
function edit(dixiemes)
{ a = Math.floor(dixiemes/10);
```

```
  b = dixiemes % 10;
  return a + "," + b;
}
</script>
</HEAD>
<BODY onUnload="affichage.close()">
<FORM><INPUT TYPE="button" VALUE="Feu !" OnClick="vazy()">
➥</FORM>
</BODY>
</HTML>
```

Avant de commenter cette solution, nous allons présenter les neuf solutions. En outre, le Tableau 2.1 indique le temps mis par chacun des trois navigateurs Internet Explorer, Netscape Navigator et Opera, ce qui donne une bonne indication de leur puissance de travail.

```
1+2+3+4+5*6-7+8+9 = 100
1+2*3+4+5*6-7+8-9 = 100
1-2/3+4*5*6+7-8-9 = 100
1*2+3*4-5*6-7+8+9 = 100
1*2+3*4*5+6-7-8+9 = 100
1*2+3*4*5-6+7+8-9 = 100
1*2-3+4*5*6-7+8+9 = 100
1*2*3+4+5*6-7+8+9 = 100
1/2+3*4*5+6+7+8+9 = 100
```

Tableau 2.1 : Temps nécessaire pour trouver les neuf solutions

navigateur	Temps
Internet Explorer	2,2 s
Netscape Navigator	45,8 s
Opera	Après un quart d'heure, la dernière ligne n'était toujours pas affichée

A titre de contrôle, les affichages des résultats successifs sont effectués dans une fenêtre séparée, avec une police à pas fixe, accompagnés du temps mis pour y parvenir. Pour lancer le programme on clique sur le bouton marqué "Feu !".

Nous allons devoir essayer toutes les combinaisons de huit opérateurs dont chacun peut prendre quatre valeurs (+, –, * ou /). Au centre du calcul, il y aura donc quatre possibilités, selon le type d'opération à faire, ce qui suggère l'emploi d'un *switch* :

```
switch (v[i-2])
           { case 0 : z += i;
                      break;
             case 1 : z -= i;
                      break;
             case 2 : z *= i;
                      break;
             case 3 : z /= i;
           }
```

Pour essayer toutes les combinaisons possibles des opérateurs, il faudra imbriquer huit boucles `for` de la forme :

```
for (i1=0; i1<4; i1++)
 for (i2=0; i2<4; i2++)
  for (i3=0; i3<4; i3++)
   ...
       for (i7=0; i7<4; i7++)
```

A cet endroit, nous allons devoir dupliquer huit fois la batterie de tests avec `n` successivement remplacé par `i0`, `i1`,... `i7`. Vu le caractère méthodique et régulier de cet algorithme, mieux vaut utiliser un tableau `v`, dimensionné à 8 pour remplacer les indices `i0`, `i1... i7`, ce qui va permettre de répéter la batterie de tests au moyen d'une neuvième boucle `for` à la suite des huit premières :

```
for (i=2; i<=9; i++)
```

Pourquoi avoir choisi une boucle interne allant de 2 à 9 ? Pour simplifier l'écriture des calculs et ne faire intervenir que `i` et non pas i+2 dans le calcul de z. Reste à voir ce qu'il faut faire lorsqu'on aura trouvé une bonne combinaison. A ce moment, il faudra exploiter les valeurs des indices des huit boucles extérieures pour choisir dans un tableau de quatre caractères ("+", "–", "*", "/") celui qui convient pour l'affichage. On peut alors écrire :

```
{ resultat = "";
  for (j=0; j<=8; j++);
   resultat += (j+1) +  (j==8 ? " =" : op[v[j]]);
   affichage.document.write(resultat + " " + z + "<BR>");
}
```

De cette façon, on fabrique une chaîne de caractères à partir d'une chaîne initialement vide (resultat) en y ajoutant à chaque étape d'une dernière boucle for (la dixième, mais oui !) un chiffre et l'opérateur qui convient. Attention aux parenthèses dans :

```
resultat += (j+1) +  (j==8 ? " =" : op[v[j]]);
```

INFO

Il est nécessaire de placer l'opérateur ternaire (? :) et ses trois termes dans une parenthèse en raison de la priorité des opérateurs.

Il ne reste plus qu'à afficher le temps écoulé, ce qui va se faire aisément au moyen de deux objets Date. Le premier, depart, contient l'heure du début de chaque calcul ; l'autre, temps, l'heure du moment de la découverte d'une solution. A chaque fois on réinitialise depart avec la valeur de l'instant présent. La séquence de calcul du temps écoulé est isolée sous forme de fonction pour des raisons de clarté du script. Elle donne un temps en dixièmes de seconde. Le temps de calcul total s'obtient par cumul des temps élémentaires de chaque solution.

« Elu par cette crapule »

Points principaux

Chaînes de caractères, `random()`, `floor()`, `while`.

On appelle *palindrome* une phrase qui se lit de la même façon de droite à gauche et de gauche à droite. Bien entendu, il faut faire abstraction des espaces séparateurs. Le script présenté au Listing 2.2 tire au hasard une phrase parmi quatre et l'affiche, d'abord normalement puis après l'avoir retournée.

Listing 2.2 : *crapule.htm*

```
<HTML>
<HEAD>
<TITLE>Palindrome</TITLE>
<script language="JavaScript">
phrase = ["Elu par cette crapule",
          "Esope reste ici et se repose",
          "Léon, émir cornu d'un roc, rime noël",
          "Sète sonne en nos étés"
         ];

alea = Math.floor(4 * Math.random());
document.write (phrase[alea] +  "<P>");

s = "";
i = phrase[alea].length;
while (s.length < phrase[alea].length)
  s += phrase[alea].charAt(i--);

document.write(s + "<P>");
</script>
</HEAD>
<BODY>
</BODY>
</HTML>
```

Pour obtenir un nombre entier compris entre 0 et 3 (bornes comprises), on appelle la fonction `Math.random()`, qui renvoie un résultat positif strictement inférieur à 1. On multiplie cette valeur par 4 et on prend ensuite l'entier immédiatement inférieur avec la fonction `Math.floor()`. Il ne reste plus qu'à créer une chaîne de caractères, `s`, vide et à initialiser une variable d'indice, `i`, à la longueur de la phrase tirée au sort. Ensuite, une boucle `while` compare la longueur de la chaîne `s` à celle de cette phrase et, "tant que" (`while`) la première est inférieure à la seconde, concatène `s` avec un caractère de la phrase, en commençant par le plus à droite et en diminuant à chaque fois son indice par la postdécrémentation `(i--)`.

Exemple d'un retournement :

```
Esope reste ici et se repose
esoper es te ici etser eposE
```

On aurait pu remplacer la boucle `while` :

```
s = "";
i = phrase[alea].length;
while (s.length < phrase[alea].length)
  s += phrase[alea].charAt(i--);
```

par la boucle `for` suivante :

```
for (s="", i=phrase[alea].length;i>=0;)
  s += phrase[alea].charAt(i--);
```

On passe ainsi de quatre instructions à deux car on peut fort bien écrire deux instructions dans l'initialisation de la boucle.

Les scripts qui se mordent la queue

La récursivité, c'est la propriété qu'a un programme ou un script de pouvoir s'appeler lui-même. Bien entendu, à un moment quelconque, il faut briser le cercle, sinon on aurait inventé le mouvement perpétuel. Enfin, une version approchée, c'est-à-dire un programme qui boucle indéfiniment. L'exemple le plus classique, c'est le calcul d'une factorielle ; mais nous en verrons deux autres.

Le calcul de n!

Points principaux

Récursivité, calcul, `if`, entrée dans un formulaire, `focus()`.

C'est l'un des grands classiques de la programmation. On appelle *factorielle n* (que l'on note *n!*) le produit des n premiers nombres entiers. Le Tableau 2.2 donne les valeurs des factorielles des dix premiers entiers.

Tableau 2.2 : Valeurs des factorielles des dix premiers entiers

n	n !
1	1
2	2
3	6
4	24
5	120
6	720
7	5040
8	40320
9	362880
10	3628800

Par convention, 0! vaut 1. Comme on le voit, la valeur d'une factorielle croît très vite. Etant donné la représentation interne des nombres en JavaScript, on ne risque pas de dépassement de capacité, tout au moins pour des valeurs "raisonnables". Le Listing 2.3 présente un script destiné à calculer une factorielle.

Listing 2.3 : *factorielle.htm*

```
<HTML>
<HEAD>
<TITLE>Calcul d'une factorielle</TITLE>
<script language="JavaScript">
// Calcul d'une factorielle par appels récursifs
function calculer(n)
{ if (n >= 30)
  { alert("Ce nombre est trop grand");
    document.forms[0].elements[0].value = "";
    document.forms[0].elements[0].focus();
    return;
  }
  document.forms[0].resultat.value =
    "Factorielle " + n + " = " + factorielle(n);
}

function factorielle(n)
{ return n > 1 ? n * factorielle(n - 1) : 1;
}
</script>
</HEAD>
<BODY>

<FORM>
Donnez un nombre inférieur à 30
<INPUT TYPE="text" SIZE="2"
onChange="calculer(this.value)">
<BR>
<TEXTAREA ROWS=1 COLS=50 NAME="resultat"></TEXTAREA>
</FORM>
</BODY>
</HTML>
```

L'utilisateur doit appuyer sur la touche Tab après avoir saisi la valeur dont il veut connaître la factorielle. A ce moment, `onChange` appelle la fonction `calculer()`, qui vérifie que ce nombre est bien inférieur à 30. Sinon un message est affiché, la valeur saisie est effacée et le pointeur d'insertion est recalé par un appel à `focus()`. Lorsque la valeur saisie est dans les limites, on appelle `factorielle()`.

Dans cette fonction, on teste la valeur de n. On connaît en effet le résultat pour n = 1 et, dans ce cas, on peut tout de suite renvoyer la valeur. Dans les autres cas, on utilise la propriété suivante :

```
n ! = n * (n - 1) !
```

Autrement dit, on rappelle la fonction `factorielle()` avec une valeur diminuée de 1. On finira donc bien ainsi par atteindre la valeur de 1. A ce moment, les appels récursifs cesseront (puisqu'on connaît la réponse), la constante 1 sera renvoyée et les retours s'effectueront dans l'ordre inverse des appels en calculant à chaque fois le produit `n * (n - 1) !`.

Le calcul de la somme à un chiffre des chiffres d'un nombre

Points principaux

Récursivité, `for`, chaînes de caractères, entrée dans un formulaire

Une chaîne de caractères contient une suite de chiffres dont on voudrait calculer la somme réduite à un chiffre. Par exemple, si cette chaîne vaut 87509136833579541, nous aurions obtenu d'abord 8 + 7 + 5 + 0 + 9 + 1 + 3 + 6 + 8 + 3 + 3 + 5 + 7 + 9 + 5 + 4 + 1 = 84. Ce nombre a deux chiffres dont on doit donc faire la somme, qui donne 8 + 4 = 12, nombre qui a encore deux chiffres. Une troisième somme donne 1 + 2 = 3, qui n'a qu'un seul chiffre. Pour des chaînes comportant beaucoup de chiffres, le premier résultat pourrait fort bien avoir trois chiffres. On discerne immédiatement la possibilité de récursivité qui se cache sous cet algorithme simple et qui va être exploitée par le script du Listing 2.4.

Listing 2.4 : *unchiffre.htm*

```
<HTML>
<HEAD>
<TITLE>Récursivité</TITLE>
<script language="JavaScript">
var n=0;
function somme(chaine)
{ s=0;
  for(i=0; i<chaine.length; i++)
   s += eval(chaine.charAt(i));
  if (s > 9) somme(s.toString());
  return s;
}

nombre = prompt("Tapez un nombre entier à plusieurs
➥chiffres", 1);
document.write("La somme à un chiffre du nombre "
               + nombre + " vaut : "  + somme(nombre, 1)
               +  "<BR>")
</script>
</HEAD>
<BODY>

</BODY>
</HTML>
```

L'instruction `prompt` affiche un message et renvoie sous forme d'une chaîne de caractères ce que l'utilisateur a tapé. Ici, c'est une chaîne ne devant contenir que des chiffres. Cette chaîne est passée à la fonction `somme()`. A l'intérieur de celle-ci, on commence par initialiser une variable `s`, qui contiendra la valeur de la somme. Ainsi déclarée, `s` est une variable globale qui pourra donc être vue de partout à l'intérieur de notre fonction. Puis une boucle `for` dont le nombre de tours est égal à la longueur de la chaîne va calculer :

```
s += eval(chaine.charAt(i))
```

c'est-à-dire la somme de tous les chiffres, de la gauche vers la droite. L'utilisation d'`eval()` est ici nécessaire pour que le résultat soit bien une valeur numérique et non une chaîne de caractères. Si le résultat obtenu à la sortie de la boucle est supérieur à 9, on appelle à nouveau `somme()`, en lui passant, cette fois, `s.toString()`, c'est-à-dire notre résultat converti en une chaîne de caractères. Ce petit jeu d'appels récursifs prendra fin lorsque la somme s sera inférieure ou égale à 9. L'instruction `return s` sera alors exécutée autant de fois qu'il y a eu d'appels et on obtiendra bien à la sortie le résultat à un seul chiffre souhaité.

On voit sur cet exemple l'importance de déclarer comme locales certaines variables à l'intérieur d'une fonction. Supposons que nous ayons déclaré `var s=0` au lieu de `s=0`. Ce faisant, nous aurions forcé `s` à être une variable locale. Elle aurait donc été recréée à chaque appel. Donc, celle qui aurait été restituée au moment du dernier `return s` aurait été celle qui avait été créée en premier. On obtiendrait ainsi toujours le résultat de la première somme, qui pourrait avoir un, deux ou trois chiffres (ou plus, si la chaîne initiale était vraiment très longue).

L'algorithme QuickSortf

Points principaux

Récursivité, tri, tableaux `floor()`.

Il s'agit d'un algorithme de tri récursif dont le nom signifie "tri rapide", qui a été imaginé par C.A.R. Hoare en 1962. Dans un tableau contenant des valeurs numériques, on prend un élément et on range ceux qui restent en deux sous-ensembles : ceux qui sont inférieurs à cet élément et ceux qui lui sont supérieurs ou égaux. On traite ensuite ces deux sous-ensembles de la même façon. Lorsqu'il reste moins de deux éléments dans un sous-ensemble, le tri est terminé. Le Listing 2.5 présente le script qui traduit cet algorithme.

Listing 2.5 : *hoare.htm*

```
<HTML>
<HEAD>
<TITLE>Tri récursif QUICKSORT</TITLE>
<script language="JavaScript">
tableau = new Array(13);
tableau = [23, 47, 21, 120, 69, 70, 39, 71, 120, 999, 0, 4,
➥3];

function permute(a, b)
{ c = tableau[a];
  tableau[a] = tableau[b];
  tableau[b] = c;
}

function quicksort(gauche, droite)
{ if (gauche >= droite) return;
  permute(gauche, Math.floor((gauche + droite) / 2));
  dernier = gauche
  for (i=gauche+1; i <=droite; i++)
   if (tableau[i] < tableau[gauche]) permute(++dernier, i);
  permute(gauche, dernier);
  quicksort(gauche, dernier-1);
  quicksort(dernier+1, droite);
}

function affiche()
{ for (i=0; i<13; i++)
   document.write(tableau[i] +  " ");
}
document.write("<H3>Tableau non trié</H3>");
affiche();
quicksort(0, 12);
document.write("<H3>Tableau trié</H3>");
```

```
affiche();
</script>

</HEAD>
<BODY>
</BODY>
</HTML>
```

La fonction `permute()` n'appelle guère de commentaires : elle permute simplement deux termes du tableau dont elle reçoit les indices en argument. Mais ce qui présente, en revanche, un grand intérêt, c'est l'instruction :

```
permute(gauche, Math.floor((gauche + droite) / 2));
```

et particulièrement l'emploi de la fonction `Math.floor()`. Si, sans réfléchir, on écrivait :

```
permute(gauche, (gauche + droite) / 2);
```

on risquerait fort d'obtenir une erreur car, lorsque la somme `(gauche + droite)` est un nombre impair, son quotient par 2 n'est pas un nombre entier. Or l'indice d'un tableau doit toujours être un entier. L'appel à `Math.floor()` remet les choses dans le bon ordre.

Comptage de mots

Points principaux

Chaînes de caractères, entrée/sortie dans un formulaire, expressions rationnelles.

Dans un formulaire, on invite l'utilisateur à saisir un commentaire dans une zone de texte de type `<TEXTAREA>` en limitant le nombre de mots qu'il peut envoyer à une valeur fixée par avance. Ce nombre pourrait, par exemple, être égal à cinquante mais, pour faciliter la démonstration, il sera limité à cinq dans le script que nous allons exécuter. Le Listing 2.6 vous propose une solution faisant appel à une expression rationnelle pour canaliser les bavards.

Listing 2.6 : *comptemots.htm*

```
<HTML>
<HEAD>
<TITLE>Comptage de mots</TITLE>
<SCRIPT LANGUAGE="JavaScript">
MAXI = 50      /* Pour un cas réel */
// MAXI = 5;   /* Pour les besoins de la démonstration */
alerte = true;
texte = "";

function initialiser()
{ document.forms[0].restant.value = MAXI;
  document.forms[0].boîte.value = "";
  document.forms[0].boîte.focus();
}

function compter()
{ mots = document.forms[0].boîte.value.split(/\s+/).length;
  if (mots > MAXI)
  { if (alerte)
   { alert ("Vous avez dépassé le nombre de mots permis");
     alerte = ! alerte;
   }
   return;
  }
  document.forms[0].restant.value = MAXI - mots;
  texte = document.forms[0].boîte.value;
}

function afficher()
{ document.forms[0].boîte.value = texte;
  submit();
}
</script>
</HEAD>

<BODY onLoad="initialiser()">
```

```
<FORM action="http://www.monserveur.fr/cgi-bin/eloges
➥.cgi method="post">
En peu de mots, dites ce que vous pensez
<br>de la présentation de cette page Web :
<br>
<textarea cols="40" rows="5" name="boîte" onKeyDown=
➥"compter();">
</textarea>
<br>
Il vous reste encore : <input type="text" name="restant"
➥size="3"> mots
<br>
<INPUT TYPE="button" VALUE="Envoyez" onClick="afficher()">
<INPUT TYPE="reset" VALUE="Réinitialiser">
</FORM>
<P>
</FONT>
</BODY>
</HTML>
```

Lorsque le nombre de mots saisis est inférieur à la limite fixée, on décrémente le nombre de mots restant pour renseigner l'utilisateur. Sinon on bloque l'accumulation des mots nouveaux et on ne conserve que ceux qui étaient dans la limite autorisée. La méthode `split()` décompose la chaîne de caractères en cours de saisie en un tableau en définissant comme séparateur l'expression rationnelle `/\s+/`. La longueur de ce tableau indique le nombre de mots contenus dans la chaîne :

```
mots = document.forms[0].boîte.value.split(/\s+/).length;
```

Quelques applications de l'objet Date

Les multiples méthodes de l'objet `Date` permettent de faire simplement des calculs de temps écoulé ou de savoir quel jour de la semaine tombait une certaine date. Nous allons en voir quelques exemples non exhaustifs.

La date en français

Points principaux

Date, tableaux.

Les méthodes de l'objet `Date` ne proposent pas un formatage très élaboré. Aussi allons-nous écrire une fonction `ecrire_date()` destinée à afficher l'ensemble date et heure de la façon à laquelle nous sommes habitués, en bon français. Le script du Listing 2.7 vous propose une solution simple.

Listing 2.7 : *bonnedate.htm*

```
<HTML>
<HEAD>
<TITLE>Une date compréhensible</TITLE>
<script language="JavaScript">
mois = new Array ("janvier", "février", "mars", "avril",
                  "mai", "juin", "juillet", "août",
                  "septembre", "octobre", "novembre",
                  "décembre");

function ecrire_date(objet)
{ document.write("Le " + objet.getDate() + " "
                 + mois[objet.getMonth()]
                 + " " + objet.getFullYear() + " à "
                 + objet.getHours() + "h "
                 + objet.getMinutes() + "mn "
                 + objet.getSeconds() + "s.<BR>");
}

aujourd_hui = new Date();
futur = new Date(2002, 5, 10);
ancien = new Date("Sat, 23 Nov 1996 2:34:9 GMT+1");

ecrire_date(aujourd_hui);
ecrire_date(ancien);
ecrire_date(futur);
</script>
```

```
</HEAD>
<BODY>
</BODY>
</HTML>
```

Ce script est d'une grande simplicité. Le formatage ne demande qu'un peu de soin et de minutie. On compose un tableau, `mois`, de douze chaînes de caractères représentant les noms des mois de l'année. Pour trouver celui qui convient, il suffit d'écrire dans l'ordre d'affichage `mois[objet.getMonth()]` et ici, on est très heureux que le mois de janvier ait 0 pour indice. Comme on se contente d'afficher des abréviations pour les heures, minutes et secondes, il n'y a aucun test orthographique d'accord à faire ("s" ou pas "s").

On a choisi trois dates : `aujourd_hui`, `ancien` et `futur`, chacune écrite d'une façon différente. La première est simplement celle du moment où le script a été exécuté pour effectuer la copie d'écran.

Cette année est-elle bissextile ?

Points principaux

Opérateurs logiques, opérateur modulo, `if`, entrée/sortie dans un formulaire.

Une année est bissextile si elle réunit les conditions suivantes :

- Elle est multiple de 4.
- Ses deux derniers chiffres ne sont pas 00 sauf si elle est divisible par 400.

Le Listing 2.8 montre comment on peut programmer ces trois conditions.

Listing 2.8 : *bissex.htm*

```
<HTML>
<HEAD>
<TITLE>Une année est-elle bissextile ?</TITLE>
<script language="JavaScript">
function bissextile()
{ an = document.forms[0].elements[0].value;
  if (an % 4 == 0 && an % 100 != 0 ¦¦ an % 400 == 0)
      document.forms[0].affiche.value = "Oui";
  else
      document.forms[0].affiche.value = "Non";
}
</script>

</HEAD>
<BODY>
<H2>Cette année est-elle bissextile ?</H2>
<FORM>
Quelle année ? <INPUT TYPE ="text" NAME="an">
<BR>
<INPUT TYPE="BUTTON" VALUE ="Cliquez ici pour le savoir"
➥onClick="bissextile()">
<INPUT TYPE="button" VALUE="     "
➥NAME="affiche">
</FORM>
</BODY>
</HTML>
```

Les conditions énoncées s'écrivent sans parenthèses inutiles :

```
an % 4 == 0 && an % 100 != 0 ¦¦ an % 400 == 0
```

On pourra noter l'utilisation d'un bouton pour afficher la réponse. Comme aucune action (on...) n'est indiquée pour ce bouton, il ne se passera rien si l'utilisateur clique dessus par inadvertance.

Combien de jours avez-vous vécu ?

Points principaux

Date, entrée dans un formulaire, round().

Le Listing 2.9 vous propose une façon simple de savoir combien de jours vous avez vécu depuis votre naissance jusqu'à aujourd'hui. Pour l'utiliser, saisissez successivement le jour, le mois et l'année complète (sur quatre chiffres) de votre date de naissance en terminant chaque saisie (y compris la dernière) par un appui sur la touche Tab.

Listing 2.9 : *vecu.htm*

```
<HTML>
<HEAD>
<TITLE>Combien de jours avez-vous vécu ?</TITLE>
<script language="JavaScript">
function calculer(an, mois, jour)
{ naissance = new Date(an, mois-1, jour);
  aujourdhui = new Date();
  vecu = Math.round((aujourdhui - naissance) / (1000 * 60 *
  ➥60 * 24));
  document.forms[0].resultat.value =
   ("Depuis le jour de votre naissance,\nle "
    + naissance.getDate() + "/"
    + (naissance.getMonth() + 1)
    + "/" + naissance.getFullYear() + "\njusqu'à
      ➥aujourd'hui,\nle "
    + aujourdhui.getDate() + "/"
    + (aujourdhui.getMonth() + 1)
    + "/" + aujourdhui.getFullYear() + ",\nvous avez vécu "
    + vecu + " jours.");
}
</script>
</HEAD>
<BODY>
<FORM>
Votre date de naissance, s'il vous plaît :<BR>
```

```
Jour : <INPUT TYPE="text" NAME="jour" SIZE="4">
Mois : <INPUT TYPE="text" NAME="mois" SIZE="4">
Année : <INPUT TYPE="text" NAME="an" SIZE="6"
onChange="calculer(an.value, mois.value, jour.value)">
<P>
<TEXTAREA ROWS=5 COLS=35 NAME="resultat">
</TEXTAREA>
</FORM>
</BODY>
</HTML>
```

La seule difficulté de ce script consiste à se rappeler que les mois sont numérotés à partir de 0 et non à partir de 1. D'où les corrections effectuées sur le numéro du mois saisi (–1), en entrée, puis sur les numéros des mois (+1), en sortie. Une fois définies les deux dates : `aujourdhui` et `naissance`, on en fait la différence après les avoir converties en millisecondes à l'aide de la méthode `getTime()` puis on appelle les méthodes `getDate()`, `getMonth()` et `getFullYear()` pour les afficher. Le nombre de millisecondes représentant la différence est ensuite divisé par le nombre de millisecondes qui s'écoulent en une journée pour avoir le nombre de jours. Un arrondi élimine les inévitables décimales, ici sans signification.

Quel jour de la semaine êtes-vous né ?

Points principaux

`Date`, objets de formulaire, tableaux, minuterie.

Pour savoir de façon sûre quel jour de la semaine tombait une certaine date, comme celle de votre naissance ou celle de la prise de la Bastille, le petit script que vous pouvez voir au Listing 2.10 vous sera fort utile. Bien qu'il paraisse un peu long, il est en réalité très simple.

Listing 2.10 : *queljour.htm*

```
<HTML>
<HEAD>
<TITLE>Quel jour était-ce ?</TITLE>
<script language="JavaScript">
nb_jours = new Array(31, 28, 31, 30, 31, 30, 31, 31, 30,
➥31, 30, 31);
jour = new Array("dimanche", "lundi", "mardi", "mercredi",
                 "jeudi", "vendredi", "samedi");

function bissex(an)
{ if ((an % 4 == 0) && (an % 100 != 0) || (an % 400 == 0))
   return 1;
  else
   return 0;
}

function dire()
{ a = document.forms[0].elements[2].value;
  _jour = document.forms[0].sel_jour.selectedIndex + 1;
  _mois = document.forms[0].sel_mois.selectedIndex;
  if (_jour > nb_jours[_mois] +  bissex(a))
  { alert ("Erreur de date : il n'y a que "
  + (nb_jours[_mois] +  bissex(a)) +  " jours dans ce
    ➥mois.");
    return;
  }
  z = new Date(a, _mois, _jour);
  document.forms[0].semaine.value = jour[z.getDay()];
  setTimeout('document.forms[0].semaine.value = "Pour
  ➥savoir ";', 5000);
}
</script>
</HEAD>
<BODY>
<FORM>
<H2>Quel jour tombait cette date ?</H2>
Indiquez la date de l'événement :<BR>
Jour :
<SELECT NAME="sel_jour">
<OPTION SELECTED>1er <OPTION>2   <OPTION>3   <OPTION>4
```

```
        <OPTION>5   <OPTION>6   <OPTION>7   <OPTION>8
        <OPTION>8   <OPTION>10  <OPTION>11  <OPTION>12
        <OPTION>13  <OPTION>14  <OPTION>15  <OPTION>16
        <OPTION>17  <OPTION>18  <OPTION>19  <OPTION>20
        <OPTION>21  <OPTION>22  <OPTION>23  <OPTION>24
        <OPTION>25  <OPTION>26  <OPTION>27  <OPTION>28
        <OPTION>29  <OPTION>30  <OPTION>31
</SELECT>
Mois :
<SELECT NAME="sel_mois">
<OPTION SELECTED>janvier <OPTION>février  <OPTION>mars
        <OPTION>avril    <OPTION>mai      <OPTION>juin
        <OPTION>juillet  <OPTION>août     <OPTION>septembre
        <OPTION>octobre  <OPTION>novembre <OPTION>décembre
</SELECT>

De quelle année : <INPUT TYPE="text" name="annee" SIZE=4>
<BR>
<INPUT TYPE="button" VALUE="Pour savoir" NAME="semaine"
➥onClick="dire()">
</FORM>
</BODY>
</HTML>
```

Ici, deux listes déroulantes permettent de choisir un jour (de 1 à 31) et un mois (de janvier à décembre). Une boîte de saisie reçoit l'année. Le bouton Pour savoir va servir à deux fins :

- déclencher l'exécution du script ;
- afficher le résultat.

La fonction `dire()` récupère les valeurs du formulaire et vérifie que la date indiquée est vraisemblable en fonction du nombre de jours de chaque mois et de la "bissextilité" de l'année. Un objet `Date` peut alors être créé par l'instruction :

```
z = new Date(a, _mois, _jour);
```

On lui applique la méthode `getDay()` et le résultat sert à indexer le tableau `jour` des noms de jours : `jour[z.getDay()]`. La chaîne de caractères correspondant au jour de la semaine vient alors remplacer le libellé du bouton où était affiché Pour savoir. Cinq secondes après, l'ancien texte est rétabli par l'action déclenchée par la minuterie `setTimeout()`.

Voyage autour d'un navigateur

Les navigateurs ne naissent pas tous égaux en droit et surtout en interprétation des spécifications HTML. En conséquence, l'auteur Web qui souhaite que ses pages soient vues correctement par le plus grand nombre de visiteurs doit éventuellement tenir compte de ces différences.

Quel navigateur (rien de plus) ?

Points principaux

Reconnaissance du navigateur.

Sans aller jusqu'au numéro de version, le script contenu présenté au Listing 2.11 identifie le type de navigateur utilisé, ce qui peut suffire dans un grand nombre de cas. L'austère simplicité de ce script ne mériterait aucun commentaire s'il n'y avait le cas d'Opera. Vous trouverez plus de détails dans la section suivante. En attendant, disons que le script ne fonctionne "généralement pas" avec Opera.

Listing 2.11 : *quelnav.htm*

```
<HTML>

<HEAD>
<TITLE>Quel navigateur ?</TITLE>
<SCRIPT LANGUAGE="JavaScript">
document.write("Vous utilisez " + navigator.appName +
➥"<BR>");
</SCRIPT>
```

```
</HEAD>

<BODY>
</BODY>

</HTML>
```

Quel navigateur et quelle version ?

Points principaux

Reconnaissance du navigateur, `switch`.

Si, outre le nom du navigateur, on veut connaître sa version, l'affaire se complique un peu du fait que cette information n'est pas accessible isolément dans une variable d'environnement comme l'est le nom du navigateur. Normalement, la propriété `navigator.appName` de l'objet `navigator` contient le nom de l'éditeur. On pourrait alors penser que le plus simple serait de recourir à un `switch` comme celui-ci qui fonctionne très bien pour Internet Explorer et Netscape Navigator :

```
editeur = navigator.appName.split(" ");
switch(editeur[0])
{ case "Netscape"  :
   version = navigator.appVersion.substr(0, 3);
   break;
 case "Microsoft" :
   var i = navigator.appVersion.indexOf("MSIE");
   version = (" (" + navigator.appVersion.
           ➥substring(i+5, i+8) +  ")");
 default : navigateur  = "Inconnu";
  version = "xx";
}
```

Les choses se compliquent lorsqu'on veut aussi pouvoir reconnaître Opera, navigateur norvégien qui jouit d'une certaine estime en Europe. En effet, ce navigateur possède, outre la sienne, quatre fausses barbes, comme on peut s'en convaincre en cliquant sur Fichier, Préférences, Connexions (voir Figure 2.1). Sous la rubrique Identification du navigateur, on voit en effet qu'Opera peut revêtir, en plus du sien propre, trois habits de Netscape Navigator ou celui d'Internet Explorer. Ce n'est que dans la propriété `navigator.userAgent` qu'on trouve son véritable nom. Par exemple, lorsqu'il se déguise en Internet Explorer, sa propriété `navigator.userAgent` contient la chaîne de caractères suivante :

```
Mozilla/4.0 (compatible; MSIE 5.0; Windows 98) Opera 5.12 [fr]
```

Dès lors, reconnaître les trois navigateurs nécessite de traiter à part, avant les autres, le cas Opera, comme le montre le Listing 2.12.

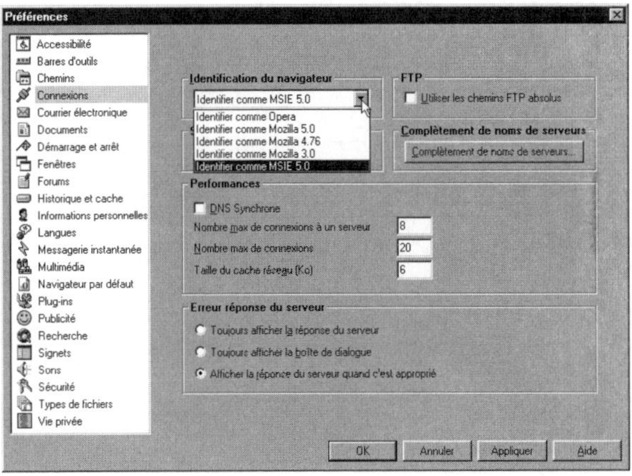

Figure 2.1 : Les quatre fausses barbes d'Opera en sus de la sienne propre.

Listing 2.12 : *quelnavi.htm*

```
<HTML>

<HEAD>
<TITLE>Quel navigateur ?</TITLE>
<SCRIPT LANGUAGE="JavaScript">
function quel_type()
{ navigateur = "Inconnu";

  if ((j = navigator.userAgent.indexOf("Opera")) != -1)
  { navigateur = "Opera";
    version = navigator.userAgent.substr(j+6, 4);
    j = navigator.userAgent.indexOf("[");
    langue = navigator.userAgent.substr(j+1, 2);
  }
  else
  { editeur = navigator.appName.split(" ");
   switch(editeur[0])
   { case "Netscape"  :
       navigateur = "Netscape Navigator";
       langue = navigator.language;
       version = navigator.appVersion.substr(0, 3);
       break;
     case "Microsoft" :
       navigateur = "Microsoft Internet Explorer";
       langue = navigator.systemLanguage;
       var i = navigator.appVersion.indexOf("MSIE");
       version = (" (" + navigator
               ➥.appVersion.substring(i+5, i+8) +  ")");
       break;
    default : navigateur  = "Inconnu";
              version = "xx";
              langue = "??";
    }
  }
}
quel_type();
document.write(navigateur +
               "<BR>Version " + version +
               "<BR>Langage : " + langue + "<BR>");
</SCRIPT>
```

```
</HEAD>
<BODY>
</BODY>
</HTML>
```

Quelles sont les dimensions de ma fenêtre ?

Points principaux

Fenêtre du navigateur, images, gestion d'événement.

Y aurait-il tromperie sur la marchandise ? Est-ce encore du JavaScript ? Car c'est en vain qu'on cherchera au Listing 2.13 une quelconque balise `<SCRIPT>`. Alors ?

Listing 2.13 : *ecran.htm*

```
<HTML>
<HEAD>
<TITLE>Quelles sont les dimensions de ma fenêtre ?</TITLE>
</HEAD>
<BODY>
<H2>Quelles sont les dimensions de ma fenêtre ?</H2>
<FORM>
<INPUT TYPE="button" VALUE="Quelles dimensions ?"
    onClick='largeur = document.images[0].width;
             hauteur = document.images[0].height;
             alert("Largeur = " + largeur + "\nHauteur =
             ➥" + hauteur);'>
</FORM>
<IMG SRC="point.gif" WIDTH="100%" HEIGHT="100%" BORDER="0">
</BODY>
</HTML>
```

Mais si, c'est bien du JavaScript, comme on s'en convaincra en regardant le gestionnaire d'événement `onClick` de la balise `<INPUT>`, où se sont réfugiées trois instructions :

```
onClick=
  'largeur = document.images[0].width;
```

```
hauteur = document.images[0].height;
alert("Largeur = " + largeur + "\nHauteur = " + hauteur);'
```

En cliquant sur le bouton affiché, une boîte `alert()` affiche les dimensions de la fenêtre. Toute l'astuce consiste à "afficher" une image invisible, `point.gif`, ayant pour dimensions réelles 1 pixel sur 1 pixel, totalement transparente de surcroît, et qui occupe toute la largeur de l'écran *au-dessous* du bouton grâce aux valeurs des attributs `WIDTH="100%" HEIGHT="100%"`. Si, après avoir acquitté la boîte `alert()`, on modifie les dimensions de la fenêtre du navigateur et qu'on clique à nouveau sur le bouton, on verra s'afficher les nouvelles dimensions.

Affichage d'une horloge très simple

Points principaux

Minuterie, chaînes de caractères, `Date`.

Le Listing 2.14 présente un script très simple qui permet d'afficher une heure exacte à la seconde près dans une boîte de formulaire `<INPUT>` de type `TEXT`. Une fois initialisée par l'appel `onLoad=mise_a_l_heure()` placé dans la balise `<BODY>`, l'heure est périodiquement mise à jour par l'appel à la fonction utilisateur `secondes()` déclenché par la minuterie répétitive ayant `x` pour identificateur.

Listing 2.14 : *horloge.htm*

```
<HTML>
<HEAD>
<TITLE>Quelle heure est-il ?</TITLE>
</HEAD>

<BODY onLoad=mise_a_l_heure()>
<FORM>
<INPUT TYPE="text" NAME="heure" SIZE=8>
```

```
</FORM>
<SCRIPT LANGUAGE="JavaScript">
hmns = new String("");

function mise_a_l_heure()
{ date_heure = new Date();
  h = date_heure.getHours();
  mn = date_heure.getUTCMinutes();
  s = date_heure.getUTCSeconds();
  x = setInterval("secondes()", 1000);
}

function secondes()
{ s++;
  if (s == 60)
  { s = 0;
    mn++;
    if (mn == 60)
    { mn = 0;
      h = (++h % 24);
    }
  }
  document.forms[0].heure.value =
            hmns.concat(h<10?"0":"", h, ":",
                        mn<10?"0":"", mn, ":",
                        s<10?"0":"", s);
}

</SCRIPT>
</BODY>

</HTML>
```

Création d'une pendule élaborée

Points principaux

Minuterie, Date, images, `setInterval()`, `setTimeout()`.

L'horloge à chiffres en image est l'un des amusements les plus goûtés de ceux qui découvrent JavaScript. Nous n'avons pas voulu être en reste et allons vous en présenter une. La première chose à faire avant d'aligner des instructions dans un script, c'est de confectionner avec un logiciel de dessin une boule éclairée de côté sur une face de laquelle[1] vous plaquerez chacun des dix chiffres de 0 à 9. Appelez ces images 0.gif à 9.gif. Pour que le tableau soit complet, il manque encore deux images : l'une représente le caractère deux-points (:) (2pts.gif) et l'autre est simplement vierge (blanc.gif) car c'est elle qui sera utilisée pour afficher le chiffre des dizaines d'heures de minuit à 9 heures du matin, bornes comprises. Maintenant, il est possible d'écrire le script qui va utiliser ces images. Il vous est présenté au Listing 2.15, la Figure 2.2 vous montrant ce qu'on peut voir le matin de bonne heure.

Listing 2.15 : *pendule.htm*

```
<HTML>
<TITLE>Une petite pendule à boules</TITLE>
<HEAD>
<SCRIPT language="JavaScript">

function tourne()
{ QuelleHeureEstIl();
  timerID = setTimeout("tourne()",1000);
}

function QuelleHeureEstIl()
{ maintenant = new Date();
  heures = maintenant.getHours();
  minutes = maintenant.getMinutes();
  secondes = maintenant.getSeconds();
  afficher(heures, 0);
  afficher(minutes, 3);
  afficher(secondes, 6);
}
```

1.Si tant est qu'une boule puisse avoir une face !

```
function afficher(nombre, rang)
{ var unites = nombre % 10;
  var dizaines = Math.floor(nombre / 10);
  document.images[rang+1].src = unites + ".gif";
  if (dizaines == 0 && rang == 0)
          document.images[rang].src = "blanc.gif";
     else document.images[rang].src = dizaines + ".gif" ;
}

</SCRIPT>
</HEAD>
<BODY onLoad="tourne()">
<DIV ALIGN=center>
<H2>Horloge à boules</H2>
<IMG SRC="blanc.gif" HEIGHT=53 WIDTH=53>
<IMG SRC="blanc.gif" HEIGHT=53 WIDTH=53>
<IMG SRC="2pts.gif"  HEIGHT=53 WIDTH=20>
<IMG SRC="blanc.gif" HEIGHT=53 WIDTH=53>
<IMG SRC="blanc.gif" HEIGHT=53 WIDTH=53>
<IMG SRC="2pts.gif"  HEIGHT=53 WIDTH=20>
<IMG SRC="blanc.gif" HEIGHT=53 WIDTH=53>
<IMG SRC="blanc.gif" HEIGHT=53 WIDTH=53>
</DIV>
</BODY>
</HTML>
```

Pour que cette solution puisse fonctionner correctement avec d'anciens navigateurs (dont l'interpréteur JavaScript serait d'une version antérieure à la 1.2), nous avons utilisé non pas `setInterval()` mais `setTimeout()`. L'affichage est organisé en trois tranches de 2 chiffres séparées par une image plus étroite, **2pts.gif**, de 20 pixels de large, portant deux points noirs sur fond blanc. Chaque chiffre est inscrit dans un carré de 53 × 53 pixels. On démarre l'horloge sur l'événement `onLoad`. Pour améliorer la présentation, on n'affiche pas de zéro à gauche du chiffre des heures entre minuit et 9 heures du matin, bornes comprises. Pour les minutes et les secondes, nous avons estimé que ce n'était pas gênant. Un détail important auquel on ne pense pas immédiatement : il ne faut conserver que la partie entière du chiffre des dizaines dans le quotient et écrire :

```
var dizaines = Math.floor(nombre / 10)
```

L'oublier conduirait à afficher une image inexistante dont le nom de fichier serait composé d'un nombre fractionnaire. Le nom du fichier d'image à utiliser est composé ainsi (pour le chiffre des unités) :

```
document.images[rang+1].src = unites + ".gif";
```

Il sert à modifier la propriété `src` de chacun des objets `image` utilisés pour l'affichage, modifiant ainsi ce que voit l'utilisateur.

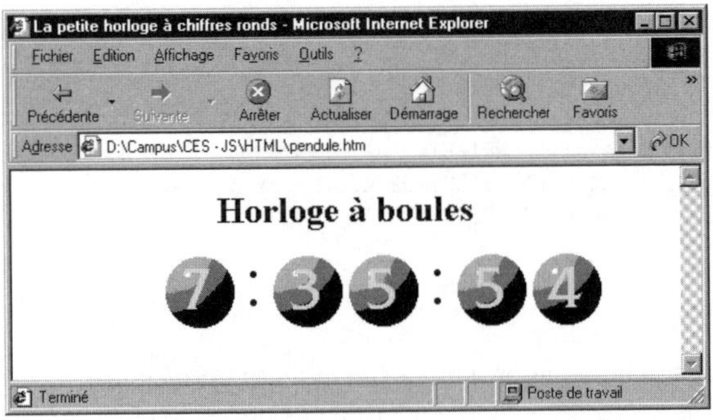

Figure 2.2 : Horloge à chiffres ronds, le matin, de bonne heure.

Communications avec un formulaire

Les boutons radio

Points principaux

Bouton-radio de formulaire.

C'est la propriété `checked` qui indique l'état d'un bouton radio. Elle vaut `true` s'il est coché ; `false` sinon. Elle peut être modifiée par le script, par exemple avec une instruction de ce genre (qui inverse l'état du bouton) :

```
document.forms[0].avis[1].checked =
        ! document.forms[0].avis[1].checked;
```

Dans ce cas, l'affichage du bouton sera aussitôt modifié en conséquence et les valeurs de la propriété `checked` des autres boutons radio seront modifiées pour que la règle de l'exclusion mutuelle soit respectée : un seul bouton d'un groupe peut avoir la valeur `true` à un instant donné. Le Listing 2.16 affiche la sélection de l'un des trois boutons radio.

Listing 2.16 : *checked.htm*

```
<html>
<head>
<title>Les boutons radio et la propriété checked</title>
<SCRIPT LANGUAGE="JavaScript">
function choix()
{ for (i=0; i<document.envoi.avis.length; i++)
  { if (document.envoi.avis[i].checked)
    { alert(document.envoi.avis[i].value);
      break;
    }
  }
}
</SCRIPT>
</HEAD>
```

```
<BODY>
<H2>Lire la valeur attachée à un bouton radio</H2>
<FORM NAME="envoi">
Quelle couleur ?
Bleu :  <INPUT TYPE="radio" NAME="avis" VALUE="bleu"
           onClick="choix()">
Blanc : <INPUT TYPE="radio" NAME="avis" VALUE="blanc"
           onClick="choix()">
Rouge : <INPUT TYPE="radio" NAME="avis" VALUE="rouge"
           onClick="choix()">
</FORM>
</body>
</html>
```

`document.envoi.avis.length` représente le nombre de boutons radio à tester. On teste la valeur de la propriété `checked` de chacun et, lorsque celle-ci vaut `true`, on sait que `document.envoi.avis[i].value` représente la valeur du bouton sur lequel l'utilisateur a cliqué.

Les cases à cocher

Points principaux

Case à cocher de formulaire.

C'est la propriété `checked` qui indique l'état d'une case à cocher, comme pour un bouton radio. Elle vaut `true` si la case est cochée ; `false` sinon. Elle peut être modifiée par le script, par exemple avec une instruction de ce genre (qui inverse l'état du bouton) :

```
document.forms[0].avis[1].checked =
        ! document.forms[0].avis[1].checked;
```

Dans ce cas, l'affichage de la case à cocher sera aussitôt modifié en conséquence. Contrairement aux boutons radio, plusieurs cases d'un même groupe peuvent avoir la valeur `true` à un instant donné. Le script qui examine leur état doit donc être modifié en conséquence : on ne peut plus déclencher cet examen sitôt qu'un clic a été détecté et il faut le demander explicitement. Le Listing 2.17 présente un exemple de gestion de case à cocher.

Listing 2.17 : *cases.htm*

```
<html>
<head>
<title>Les cases à cocher et la propriété checked</title>
<SCRIPT LANGUAGE="JavaScript">

function afficher()
{ etat = "";

  for (i=0; i<document.envoi.avis.length; i++)
  { if (document.envoi.avis[i].checked)
      etat += document.envoi.avis[i].value + "\n";
  }
  alert(etat);
}
</SCRIPT>
</HEAD>

<BODY>
<H2>Lire la valeur des cases cochées</H2>
<FORM NAME="envoi">
Quelle couleur ?
Bleu :  <INPUT TYPE="checkbox" NAME="avis" VALUE="bleu">
Blanc : <INPUT TYPE="checkbox" NAME="avis" VALUE="blanc">
Rouge : <INPUT TYPE="checkbox" NAME="avis" VALUE="rouge">
<BR>
<INPUT TYPE="button" VALUE="Relever l'état des cases"
onClick="afficher()">
</FORM>
</body>
</html>
```

Une zone <TEXTAREA> comme zone d'affichage

Points principaux

<TEXTAREA>.

Pour afficher des textes courts, il est plus facile d'utiliser une zone <TEXTAREA> qu'une fenêtre auxiliaire. C'est au moyen de sa propriété VALUE qu'on peut modifier son contenu. Cette zone peut ainsi fonctionner dans les deux sens : en entrée ou en sortie.

Le Listing 2.18 montre ce caractère bidirectionnel des zones <TEXTAREA>.

Listing 2.18 : *majmin.htm*

```
<html>
<head>
<title>Utilisation d'une zone &lt;TEXTAREA&gt;</title>
<SCRIPT LANGUAGE="JavaScript">
function transformer()
{ document.forms[0].maj.value =
  document.forms[0].origine.value.toUpperCase();
  document.forms[0].min.value =

document.forms[0].origine.value.toLowerCase();
}
</SCRIPT>
</HEAD>

<BODY>
<H2>Changement de casse d'un texte</H2>
Saisissez un texte dans la zone ci-dessous et
➥transformez-le en cliquant sur le bouton "Transformer"
<FORM>
Texte d'origine :
<BR>
```

```
<TEXTAREA ROWS="2" COLS="50" VALUE="" NAME="origine">
</TEXTAREA>
<BR>
Texte en majuscules :
<BR>
<TEXTAREA ROWS="2" COLS="50" VALUE="" NAME="maj">
</TEXTAREA>
<BR>
Texte en minuscules :
<BR>
<TEXTAREA ROWS="2" COLS="50" VALUE="" NAME="min">
</TEXTAREA>
<P>
<INPUT TYPE="button" VALUE="Transformer"
➥onClick="transformer()">
</FORM>
</body>
</html>
```

Une calculette évoluée

Points principaux

Evénements, entrées/sorties de formulaire, minuterie, `eval()`, `onBlur()`, `focus()`.

Dans cet exemple, nous allons voir comment exploiter l'événement `onError` pour déceler une erreur de saisie. Deux champs de formulaire `<INPUT>` de type `text` sont utilisés : l'un pour la saisie, l'autre pour l'affichage :

```
<FORM NAME="monFormulaire">
<PRE>
Tapez votre formule : <INPUT TYPE="text" NAME="traitement"
                      VALUE="" onBlur="traiter()">
Voici le resultat   : <INPUT TYPE="text" NAME="affichage"
                      VALUE=" ">
</PRE>
```

Si nous avons choisi de placer ces deux champs dans un conteneur `<PRE>`, c'est pour les aligner verticalement. Le premier a pour nom `traitement` et le second, `affichage`. Initialement, ils sont tous deux vides (leur attribut `VALUE` a pour valeur une chaîne vide). Celui qui va nous servir de champ de saisie renferme un appel au gestionnaire de l'événement `onBlur`, `traiter()`.

Nous sommes dans l'objet `document`, qui contient le formulaire `monFormulaire`, à l'intérieur duquel nous nous intéressons à une balise dont le nom est `traitement`. Ce que l'utilisateur a tapé se trouve donc dans la propriété `value`, à laquelle on accède par :

```
document.monFormulaire.traitement.value
```

Et voici venir la fonction `eval()`, dont on se demande souvent à quoi elle peut bien servir. Ici, elle est parfaitement en situation car elle va nous permettre d'évaluer une expression arithmétique complexe en la réduisant à sa valeur numérique. Le résultat sera un nombre exprimé sous forme de chaîne de caractères qui va être rangé dans la boîte de saisie repérée par :

```
document.monFormulaire.affichage.value
```

Lorsque l'utilisateur a fini de taper l'expression qu'il veut calculer, il termine par une frappe sur la touche Tab, ce qui fait perdre le focus à la fenêtre de saisie, produisant ainsi l'événement `onBlur`, qui appelle la fonction `traitement()`. Celle-ci appelle `eval()` et affiche son résultat dans la boîte de saisie repérée par "Résultat :". Ensuite, deux secondes plus tard, on efface la boîte de saisie dans laquelle on tape les valeurs, afin de la préparer pour la saisie de l'expression suivante. Enfin, on donne le *focus* à la boîte de saisie en appelant la méthode `focus()`. Le Listing 2.19 montre comment réaliser cette calculette capable de prendre en charge des expressions élaborées.

Listing 2.19 : *calculette.htm*

```
<HTML>
<HEAD>
<TITLE>Une calculette évoluée</TITLE>
<script language="JavaScript">

onerror=monGestionnaire;

function monGestionnaire()
{ alert("Erreur de saisie !");
  document.monFormulaire.traitement.value = "";
  document.monFormulaire.affichage.value = "Erreur !!!";
  document.monFormulaire.traitement.focus();
  return true;
}

function traiter()
{ document.monFormulaire.affichage.value =
      eval(document.monFormulaire.traitement.value);
      setTimeout('document.monFormulaire.traitement
      ➥.value = ""', 2000);
  document.monFormulaire.traitement.focus();
}
 </script>
</HEAD>
<BODY>
<FORM NAME="monFormulaire">
<PRE>
Tapez votre formule : <INPUT TYPE="text" NAME="traitement"
     VALUE="" onBlur="traiter()">
Voici le resultat   : <INPUT TYPE="text" NAME="affichage"
➥VALUE=" " >
</PRE>
</FORM>
</BODY>
</HTML>
```

Si l'utilisateur fait une faute de frappe et tape une lettre, par exemple, nous devons prendre en charge le traitement de l'erreur. La fonction du gestionnaire des erreurs doit être préalablement déclarée par :

```
onerror=monGestionnaire;
```

Il faut ensuite écrire la fonction `monGestionnaire()`, qui doit :

1. Afficher une boîte de message proclamant "Erreur de saisie !".

2. Effacer les informations erronées tapées par l'utilisateur.

3. Afficher "Erreur !!!" dans la boîte de résultat inférieure.

```
function monGestionnaire()
{ alert("Erreur de saisie !");
  document.monFormulaire.traitement.value = "";
  document.monFormulaire.affichage.value = "Erreur !!!";
  document.monFormulaire.traitement.focus();
  return true
}
```

L'événement onError

Points principaux

`onError`, fenêtre auxiliaire, `onUnload`.

Le Listing 2.20 présente un exemple de traitement de l'événement `onError` dans un script. Nous avons volontairement fait une faute en dehors des routines de prise en charge des erreurs en écrivant **`dodument.write`** au lieu de `document.write` afin de provoquer une erreur. Lorsqu'une nouvelle page est chargée, la fenêtre auxiliaire est refermée par `onUnload="w.close()"` placé dans la balise `<BODY>`.

ATTENTION

Ce script ne fonctionne qu'avec Netscape Navigator.

Listing 2.20 : *onerror.htm*

```
<HTML>

<HEAD>
<TITLE>Traitement de l'événement onError</TITLE>
<SCRIPT LANGUAGE="JavaScript">
function erreur(texte, adresse, ligne)
{ var w = open("", "", "height=150,width=300,scrollbars");
          w.document.write("<B>" + texte + "</B><BR>");
          w.document.write("<B>URL : </B>" + adresse
          ➥+ "</B><BR>");
          w.document.write("<B>Ligne n° </B>" + ligne
          ➥+ "</B><HR>");
  w.document.close();
  return true;
}

self.onError = erreur;

</SCRIPT>
</HEAD>

<BODY onUnload="w.close()">
<H2>Exemple de gestionnaire d'erreur</H2>
<SCRIPT LANGUAGE="JavaScript">
dodument.write("C'est une erreur !");
</SCRIPT>
</BODY>

</HTML>
```

Touche pas à mon image !

Points principaux

Evénements de la souris (interception du clic droit), images.

Supposons que vous ayez réalisé une page illustrée avec de superbes photographies et que vous ne vouliez pas que vos visiteurs puissent les copier. On sait que, pour copier une image, il faut cliquer dessus du bouton droit et choisir l'option appropriée dans le menu contextuel qui s'affiche. Nous allons donc intercepter les clics du bouton droit. Ensuite, si notre page est vue avec Internet Explorer, nous allons regarder si le clic avait lieu sur une image. Malheureusement, avec Netscape Navigator, nous ne pourrons pas faire cette distinction et nous serons contraints d'intercepter **tous** les clics du bouton droit, quel que soit l'endroit de la page où ils auront lieu. Le script du Listing 2.21 montre qu'il faut peu de choses pour intercepter ce clic.

INFO

Cet exemple est en réalité un cas d'école car il n'est pas bien difficile de contourner cette interdiction.

Listing 2.21 : *clicdroit.htm*

```
<HTML>
<HEAD>
<TITLE>Interception des clics du bouton droit</TITLE>
<SCRIPT LANGUAGE="JavaScript">
if ( navigator.appName.indexOf("Microsoft") != -1)
          navigateur =  "Microsoft";
else if (navigator.appName.indexOf("Netscape") != -1)
          navigateur = "Netscape";

switch (navigateur)
{ case "Netscape"  : captureEvents (Event.MOUSEDOWN);
                     onMouseDown = capturer;
                     break;
  case "Microsoft" : document.onmousedown = intercepter;
}

function capturer(e)
{ if (e.which == 3)
  { alert("Copie des images interdite");
    return false;
```

```
  }
}

function intercepter()
{ if (event.button == 2 && event.srcElement.tagName ==
➥"IMG")
  alert("Copie des images interdite");
}

</SCRIPT>
</HEAD>
<BODY>
<H1>La belle clématite</H1>
<img SRC="clematit.jpg">
</BODY>
</HTML>
```

On commence par reconnaître le navigateur et initialiser en conséquence la variable `navigateur`, puis un *switch* nous permet de choisir le traitement à effectuer selon le navigateur en service.

Netscape Navigator

Si nous avons affaire à Netscape Navigator, les deux instructions suivantes vont être exécutées, permettant ainsi d'appeler la fonction `capturer()` lorsque le visiteur cliquera :

```
captureEvents (Event.MOUSEDOWN);
onMouseDown = capturer;
```

Pour Netscape, le bouton droit porte le numéro 3. Aussi la fonction `capturer()` va-t-elle comparer la propriété `which` de l'événement (passé en argument) à cette valeur. Après avoir affiché une boîte `alert()` explicative, il suffira de renvoyer `false` pour que l'action par défaut du clic droit ne soit pas exécutée. D'où la structure élémentaire de cette fonction :

```
function capturer(e)
{ if (e.which == 3)
```

```
  { alert("Copie des images interdite");
    return false;
  }
}
```

Internet Explorer

Si c'est à Internet Explorer que nous avons affaire, il suffit d'exécuter une seule instruction :

```
document.onmousedown = intercepter;
```

pour diriger tous les clics sur la fonction `intercepter()`. Pour Microsoft, le bouton droit de la souris porte le numéro 2. Dans cette fonction, nous allons tester deux conditions :

- le numéro du bouton sur lequel on a cliqué ;
- l'objet HTML sur lequel a eu lieu le clic.

Il ne semble pas exister de possibilité d'annuler une action par défaut, aussi allons-nous remplacer tout simplement l'affichage du menu contextuel par la même boîte `alert()`. La fonction se présente alors ainsi :

```
function intercepter()
{ if (event.button == 2 && event.srcElement.tagName ==
  ➥"IMG")
  alert("Copie des images interdite");
}
```

Opera

Avec Opera, aucune de ces deux méthodes ne fonctionne.

Evénements du clavier

Tous les événements du clavier

Points principaux

Evénements du clavier.

La façon d'identifier la touche du clavier qui a été enfoncée par l'utilisateur est plus perfectionnée avec Internet Explorer qu'avec Netscape Navigator. En particulier, il est impossible, avec ce dernier, d'obtenir autre chose que 0 comme code de touche pour des touches comme Ctrl, Maj, Flèches directionnelles, Echap, etc. Le Listing 2.22 vous indique comment contourner cet obstacle. Par exemple, si vous appuyez sur la touche Inser, avec Netscape Navigator vous afficherez 0, alors qu'avec Internet Explorer vous afficherez 45.

Listing 2.22 : *claviers.htm*

```
<HTML>
<HEAD>
<TITLE>Divers</TITLE>
<SCRIPT LANGUAGE="JavaScript">
if (navigator.appName.indexOf("Netscape") != -1)
{ document.onkeydown = voir;
}
else
{ document.onkeydown = clavier;
}
function voir(e)
{ alert(e.which);
}
function clavier()
{ f = window.event;
  alert(f.keyCode);
}
</SCRIPT>
</HEAD>
<BODY>
</BODY>
</HTML>
```

Si le mécanisme d'interception des événements du clavier (`onkeydown`) est identique, la façon de traiter ces événements est différente, ce qui nécessite de les prendre en charge par deux routines différentes selon le navigateur de l'utilisateur.

La propriété modifiers

Points principaux

Evénements du clavier, propriété `modifiers`.

La propriété `modifiers` de l'objet `event` ne concerne que les événements du clavier et de la souris. Sa valeur est représentée par une chaîne de caractères indiquant quelle touche de modification (Alt, Ctrl, Maj ou Meta) était enfoncée lorsque l'événement s'est produit. Ces touches ont pour nom : `ALT_MASK`, `CONTROL_MASK`, `SHIFT_MASK` et `META_MASK`[1]. Le Listing 2.23 présente le document HTML `clavier.htm`, où la fonction `voir()` illustre l'utilisation de cette propriété.

ATTENTION

Ce script n'est valable qu'avec Netscape Navigator.

Listing 2.23 : *clavier.htm*

```
<html>
<head>
<title>Gestion des touches du clavier</title>
</head>
<script language="javascript">
document.onmousedown = voir;

function voir(e)
{ z = "Un événement " + e.type + " a eu lieu"
```

1.Touche du Macintosh.

```
  z += " au point (" + e.x + ", " + e.y + ")."
  if (e.modifiers & Event.ALT_MASK)
        z += "\nLa touche ALT était enfoncée."
  if (e.modifiers & Event.CONTROL_MASK)
        z += "\nLa touche CTRL était enfoncée."
  if (e.modifiers & Event.SHIFT_MASK)
        z += "\nLa touche MAJ était enfoncée."
  alert(z);
}
</script>
<body>

</body>
</html>
```

Evénements de la souris

onMouseDown (relevé de points dans une image)

Points principaux

Evénements de la souris, onMouseDown.

Le Listing 2.24 présente un petit script destiné à afficher dans une boîte de texte de formulaire les coordonnées des points d'une image sur lesquels clique l'utilisateur. Il tourne indifféremment sous Internet Explorer ou Netscape Navigator.

Listing 2.24 : *points.htm*

```
<HTML>
<HEAD>
<TITLE>Relevé de points dans une image</TITLE>
</HEAD>

<BODY>
<FORM NAME="formu">
<A HREF="#">
<IMG SRC="ticket.jpg" NAME="ticket" BORDER=0>
```

```
</A>
<INPUT TYPE="text" NAME="affiche" SIZE="10" VALUE="">
</FORM>

<SCRIPT LANGUAGE="JavaScript">
if (navigator.appName.indexOf("Netscape") != -1)
   document.links[0].onmousedown = handlerNetsca;
else
   document.links[0].onmousedown = handlerMicro;

function handlerNetsca(e)    // gestionnaire pour Netscape
{ document.formu.affiche.value ="(" + e.x+ "," + e.y + ")";
  return false;
}

function handlerMicro()     // gestionnaire pour Microsoft
{ e = window.event;
  document.formu.affiche.value ="(" + e.clientX+
  ➥"," + e.clientY + ")";
  return false;
}
</SCRIPT>
</BODY>
</HTML>
```

En exploitant l'événement `onMouseDown`, on s'affranchit des erreurs de pointé pouvant survenir lorsqu'on relâche le bouton de la souris, ce qui provoque parfois un léger déplacement de celle-ci. Ici, c'est au moment de l'enfoncement que les coordonnées vont être saisies et non lors du relâchement comme ce serait le cas si on avait exploité l'événement `onClick`. Le script commence par rechercher quel est le navigateur utilisé par le visiteur en testant la présence de "Netscape" dans la propriété `appName` de l'objet `navigator`. Pour tenir compte de la différence de gestion des événements selon le navigateur utilisé, deux routines de traitement sont prévues : `HandlerNetsca()` et `handlerMicro()`. La fonction chargée d'intercepter l'événement `onMouseDown` se contente d'éditer les coordonnées transmises au gestionnaire d'événement et de les afficher dans une boîte de saisie de formulaire.

Pour pallier l'absence de reconnaissance de l'événement onMouseDown par Netscape, on est obligé d'utiliser l'astuce consistant à placer l'image dans un faux appel de lien. Du coup, le pointeur n'est plus une flèche mais une petite main, ce qui n'est pas un bien grand inconvénient.

onMouseOver et onMouseDown (transformation à vue)

Points principaux

Evénements de la souris, onMouseOver, onMouseDown.

Le simple passage de la souris sur un bouton peut être exploité pour modifier son apparence. Le Listing 2.25 vous montre quel événement exploiter et comment changer la couleur d'affichage en modifiant les propriétés de style du bouton.

ATTENTION

Ce script n'est valable qu'avec Internet Explorer.

Listing 2.25 : *bouton.htm*

```
<HTML>
<HEAD>
<TITLE>Transformation à vue</TITLE>
</HEAD>
<BODY>
<FORM NAME="formu">
<INPUT TYPE="button" VALUE="Qui suis-je ?" NAME="monBouton"
       STYLE="color:'white';font-family:'arial';
              font-size:16px;font-weight:'bold';
              width:160px;height:30px"
       onMouseOver="this.style.color='blue';
                    this.style.backgroundColor='yellow';
                    this.value='Cliquez pour voir !'"
       onMouseOut= "this.style.color='white';
                    this.style.backgroundColor='lightgrey'
```

```
                    this.value='Qui suis-je ?';
>
</FORM>
</BODY>

</HTML>
```

Que cache un clic de souris

Points principaux

Evénements de la souris.

Internet Explorer reconnaît neuf propriétés pour un clic de souris. Le document HTML `events.htm`, reproduit sur le Listing 2.26, vous donne un exemple de ce qu'on peut en retirer.

ATTENTION

Ce script n'est valable qu'avec Netscape Navigator.

Listing 2.26 : *events.htm*

```
<HTML>
<HEAD>
<TITLE>Evénements vus par Internet Explorer</TITLE>
<SCRIPT LANGUAGE="JavaScript">
function dire(n)
{ z  = "type    = " + event.type + "\n";
  z += "clientX = " + event.clientX + "\n";
  z += "offsetX = " + event.offsetX + "\n";
  z += "screenX = " + event.screenX + "\n";
  z += "x       = " + event.x + "\n";
  z += "clientY = " + event.clientY + "\n";
  z += "offsetY = " + event.offsetY + "\n";
  z += "screenY = " + event.screenY + "\n";
  z += "y       = " + event.y + "\n";

  document.forms[0].elements[n].value = z;
```

```
}
</SCRIPT>
</HEAD>

<BODY>
<FORM>
<INPUT TYPE="button" Value="Cliquez ici" onClick="dire(0)">
</FORM>
</BODY>
</HTML>
```

Quel bouton de souris et où ?

Points principaux

Evénements de la souris.

Grâce aux propriétés x et y des événements de souris ordinaires comme onMouseDown, on peut savoir où l'utilisateur a cliqué dans la fenêtre du navigateur. La propriété which permet de savoir avec quel bouton il a cliqué, comme vous pouvez le voir au Listing 2.27.

Listing 2.27 : *clic.htm*

```
<HTML>
<HEAD>
<TITLE>Un clic de souris</TITLE>
<SCRIPT LANGUAGE="JavaScript">
document.onmousedown = voir;

function voir(e)
{ alert("Bouton " + e.which + "\nX = "
  ➥+ e.x + "\nY = " + e.y);
}
</SCRIPT>
</HEAD>

<BODY>
</BODY>
</HTML>
```

Modifier le contenu de deux frames d'un seul clic

Points principaux

Frames, événements de la souris.

Lorsqu'on clique sur un appel de lien, on recharge d'habitude une seule page, ce qui suffit amplement aux sites dont la structure n'est pas organisée en frames. Mais, dans le cas contraire, il est possible (et même très facile) de modifier d'un seul clic le contenu de plusieurs frames. Le Listing 2.28 montre comment on peut y parvenir en appelant une fonction JavaScript, par l'exploitation de l'événement `onClick` judicieusement placé. La structure de la page est présentée au Listing 2.29. Le Listing 2.30 montre que le troisième cadre n'est qu'un document HTML vide.

Listing 2.28 : *frame2.htm*

```
<html>
<head>
<title>Frame principal</title>
<SCRIPT LANGUAGE="JavaScript">
function modifier()
{ parent.frame1.location = "bizet.htm";
  parent.frame3.location = "baisers.htm";
}
</SCRIPT>
</head>
<body>
<h2>Frame principal</h2>
Pour <A HREF="#" onClick='modifier()'>modifier</A> les
➥frames supérieur et inférieur

</body>
</html>
```

Listing 2.29 : *frame0.htm*

```
<HTML>
<HEAD>
<TITLE>Changer deux frames</TITLE>
</HEAD>
<FRAMESET ROWS="*, *, *">
      <FRAME SRC="frame1.htm" NAME="frame1" SCROLLING=NO>
      <FRAME SRC="frame2.htm" NAME="frame2" FRAMEBORDER=2>
      <FRAME SRC="frame3.htm" NAME="frame3" SCROLLING=NO>
</FRAMESET>
</HTML>
```

Listing 2.30 : *frame3.htm*

```
<html>
<head>
<title>Frame 3</title>
</head>
<body>
<h2>Frame n° 3</h2>
</body>
</html>
```

L'événement `onClick` exploité lorsque l'utilisateur clique sur l'appel de lien "modifier" appelle un fichier qui modifie la propriété `location` des deux autres frames auxquels elle se réfère en passant par `parent`, qui représente le frameset, origine des trois frames, qu'on peut voir décrits au Listing 2.29.

Publicité bien ordonnée...

Points principaux

Minuterie, affichage progressif, `switch`, `substr()`, `onUnload`.

Autre gadget basé sur une minuterie : un message qui s'affiche, caractère par caractère, en grosses lettres, dans une petite fenêtre auxiliaire Le script qui l'anime est reproduit au Listing 2.31.

Listing 2.31 : *pub.htm*

```
<HTML>
<HEAD>
<TITLE>Publicité bien ordonnée commence par soi-même
➥</TITLE>
<SCRIPT LANGUAGE="JavaScript">
js = new String ("Vive JavaScript !");
w=open("","","height=100,width=300");
marche = false;
i=0;

function lancer()
{ if (marche) return;
  z = setInterval('affiche(js.substr(0, i))', 300);
  marche = true;
}

function affiche(s)
{ w.document.write("<H1>" + s + "</H1>");
  w.document.close();
  switch (i++)
  { case 4  :
    case 14 : i++;
              break;
    case 20 : i = 0;
  }
}
</SCRIPT>
</HEAD>
<BODY onUnload="w.close()">
<FORM>
<INPUT TYPE="button" VALUE="Départ affichage"
onClick="lancer()">
</FORM>
</BODY>
</HTML>
```

ATTENTION

Ce script n'est valable qu'avec Netscape Navigator.

Le script commence par créer une fenêtre auxiliaire qui sera refermée lorsque la page sera remplacée par une autre au moyen d'`onUnload="w.close()"`, qui se trouve dans la balise `<BODY>`. Le départ de l'affichage n'est pas automatique mais lancé par un clic de l'utilisateur sur le bouton Départ affichage qui appelle la fonction `lancer()`. Celle-ci teste une variable booléenne appelée `marche`, valant initialement `false` (puisque le mouvement est arrêté). La première fois, le `return;` qui suit n'est donc pas exécuté mais c'est le lancement d'une minuterie qui est lancé. Puis `marche` prend la valeur `true`, ce qui permettra d'éviter la relance de la minuterie si l'utilisateur cliquait plusieurs fois sur le bouton Départ Affichage. Il en résulterait un mouvement incohérent de l'affichage dû à l'enchevêtrement de ces minuteries concourantes.

```
function lancer()
{ if (marche) return;
  z = setInterval('affiche(js.substr(0, i))', 300);
  marche = true;
}
```

Toutes les 300 millisecondes, on appelle donc la fonction `affiche()`, à laquelle on passe une sous-chaîne extraite de "Vive JavaScript !", dont le début est à gauche (0) et dont la fin (i) croît régulièrement. Il est important de noter que `i` est une variable globale déclarée en tête du script. L'essentiel se passe dans la fonction `affiche()` :

```
function affiche(s)
{ w.document.write("<H1>" + s + "</H1>");
  w.document.close();
  switch (i++)
  { case 4  :
    case 14 : i++;
```

```
                break;
    case 20 : i = 0;
  }
}
```

Les deux premières instructions affichent la sous-chaîne reçue dans une balise <H1> (pour que l'affichage ait lieu en gros caractères). Vient ensuite un `switch` qui distingue trois cas. Les deux cas 4 et 14 correspondent aux deux espaces contenus dans "Vive JavaScript !". `i` est incrémenté de 1, ce qui évite chaque fois le hoquet de l'affichage qui serait dû à l'"affichage" de l'espace. Le troisième cas (20) représente la fin de la chaîne et recale le pointeur d'affichage, `i`, à zéro. La progression de ce pointeur est effectuée par la postincrémentation réalisée par `switch(i++)`.

Cunégonde est polyglotte

Points principaux

Reconnaissance du navigateur, `switch`, `DHTML`, `onLoad`.

Cunégonde travaille dans une agence de voyages et on lui a demandé de réaliser un site Web de promotion. Comme cette agence a une clientèle très variée, ce site doit être rédigé en plusieurs langues. Pour s'assurer de la qualité de ses connaissances en JavaScript, Cunégonde a commencé par écrire une page saluant le visiteur selon sa nationalité... ou plutôt celle de la version du navigateur utilisé pour se connecter sur son site. Car, tant que la boule de cristal ne sera pas un périphérique connectable sur un port USB, savoir d'entrée la nationalité d'un utilisateur chargeant une page Web n'est pas encore un problème totalement résolu. Le Listing 2.32 vous présente la maquette que notre amie a réalisée.

Listing 2.32 : *polyglo.htm*

```
<HTML>
<HEAD>
<TITLE>Cunégonde est polyglotte</TITLE>
<SCRIPT LANGUAGE="JavaScript">
function saluer()
{ if (navigator.appName.indexOf("Netscape") != -1)
  { pays = navigator.language; // Netscape Navigator
    if (! quel_pays(pays)) return;
    document.layers[pays].visibility = "show"
  }
  else
  { pays = navigator.browserLanguage;  // Internet Explorer
    if (! quel_pays(pays)) return;
    divi = document.all.tags('DIV');
    divi(pays).style.visibility = "visible";
  }
}

function quel_pays(pays)
{ switch (pays)
  { case "fr" : return true;
    case "en" : return true;
    case "es" : return true;
    case "it" : return true;
    default   : alert ("Ce pays m'est inconnu");
                return false;
  }
}
</SCRIPT>
</HEAD>

<BODY onLoad="saluer()">
<LAYER ID="fr" TOP=30 LEFT=50 POSITION:ABSOLUTE
➥VISIBILITY="HIDE">
  <DIV ID="fr"
    STYLE="position:absolute;top:30;left=50;visibility=
    ➥'hidden'">
<FONT SIZE="6">Bonjour</FONT>
  </DIV>
</LAYER>
```

```
<LAYER ID="it" TOP=30 LEFT=50 POSITION:ABSOLUTE
➥VISIBILITY="HIDE">
  <DIV ID="it"
    STYLE="position:absolute;top:30;left=50;visibility=
     ➥'hidden'">
<FONT SIZE="6">Bongiorno</FONT>
  </DIV>
</LAYER>

<LAYER ID="en" TOP=30 LEFT=50 POSITION:ABSOLUTE
➥VISIBILITY="HIDE">
  <DIV ID="en"
    STYLE="position:absolute;top:30;left=50;visibility=
     ➥'hidden'">
<FONT SIZE="6">Good morning</FONT>
  </DIV>
</LAYER>

<LAYER ID="es" TOP=30 LEFT=50 POSITION:ABSOLUTE
➥VISIBILITY="HIDE">
  <DIV ID="es"
    STYLE="position:absolute;top:30;left=50;visibility=
     ➥'hidden'">
<FONT SIZE="6">Buenos dias</FONT>
  </DIV>
</LAYER>

</BODY>
</HTML>
```

Internet Explorer ignorera la balise <LAYER>, qu'il ne reconnaît pas, alors que Netscape Navigator va en manipuler le contenu sans difficulté. Selon le navigateur du visiteur, on exécutera donc l'une des deux instructions suivantes :

```
document.layers[pays].visibility = "show"  // Netscape
   ...
divi(pays).style.visibility = "visible";   // Microsoft
```

Pour une langue donnée, le layer et la division ont le même identificateur, qui est le code de nationalité de deux lettres de l'Internet, le même que celui utilisé par les navigateurs pour définir la propriété `language` (Netscape Navigator) ou `browserLanguage` (Internet Explorer). A partir de cette propriété de l'objet `navigator`, on définit facilement la variable `pays`. Avec Internet Explorer, il faut une opération supplémentaire pour accéder au contenu de la division :

```
divi = document.all.tags('DIV');
```

Initialement, la propriété `visibility` de tous les layers (et aussi des divisions qu'ils contiennent) a la valeur "caché" (`hide` ou `hidden` selon le cas). Il suffira alors de la changer en `show` (ou en `visible`) pour que seul le texte de la langue choisie soit apparent.

La marque indélébile de MidiNet

Points principaux

DHTML, `switch`, minuterie.

Encore une autre forme de publicité, toujours basée sur une minuterie mais avec, cette fois, le recours à DHTML. Le fournisseur d'accès MidiNet, dont la discrétion n'est pas la qualité la plus reconnue, a décidé que toutes les pages qu'il hébergerait devraient porter en permanence sa marque et que celle-ci devrait se trouver dans le coin inférieur droit de la fenêtre du navigateur. Le Listing 2.33 présente le script qui permet d'afficher une image à la même place de l'écran, quel que soit le défilement de la page. Il présente la particularité de fonctionner aussi bien sous Internet Explorer que sous Netscape Navigator. Il n'a pas été testé sous Opera.

Listing 2.33 : *midinet.htm*

```
<HTML>

<HEAD>
<TITLE>Une marque indélébile</TITLE>
<SCRIPT LANGUAGE="JavaScript">
if ( navigator.appName.indexOf("Microsoft") != -1)
          navigateur =  "Microsoft";
else if (navigator.appName.indexOf("Netscape") != -1)
          navigateur = "Netscape";

function recadre()
{ switch (navigateur)
  { case "Microsoft" :
      document.all.cadre.style.posTop  =
        document.body.clientHeight - deltaY + document
           ➥.body.scrollTop;
      document.all.cadre.style.posLeft =
        document.body.clientWidth - deltaX + document.body
           ➥.scrollLeft;
      break;
    case "Netscape" :
      document.cadre.pageY = innerHeight - deltaY +
      ➥ pageYOffset;
      document.cadre.pageX = innerWidth - deltaX +
      ➥ pageXOffset;
   }
}

setInterval("recadre()", 500);
</SCRIPT>
</HEAD>

<BODY onLoad="recadre()">
<DIV id="cadre" style="position:
absolute;left:0;top:px;zindex:1">
  <IMG SRC="midinet.gif">
  <SCRIPT LANGUAGE="JavaScript">
  deltaY = 20 + document.images[0].height;
  deltaX = 20 + document.images[0].width;
  </SCRIPT>
</DIV>
```

```
<H3>LA VIEILLE ET LES DEUX SERVANTES</H3>
II étoit une Vieille ayant deux chambrières : <BR>
Elles filoient si bien que les sœurs filandières <BR>
Ne faisoient que brouiller au prix de celles-ci. <BR>

    [...]

 La Vieille au lieu du Coq, les fit tomber par là<BR>
De Charybde en Scylla.<BR>
<H4 ALIGN="right"><i>Jean de La Fontaine</i></H4>
<HR>
</BODY>

</HTML>
```

Il y a deux points principaux à étudier pour comprendre comment fonctionne ce script :

- Comment est réalisé l'affichage à un même emplacement de la fenêtre du navigateur, quelles que soient les manipulations que l'utilisateur peut effectuer sur le contenu de celle-ci ou sur ses dimensions.
- Comment on peut s'affranchir des différences de conception de DHTML chez Microsoft et chez Netscape.

L'affichage permanent

Périodiquement, toutes les demi-secondes, une minuterie appelle l'unique fonction du script, `recadre()`, qui a pour objet, comme son nom l'indique, de recadrer le logo de MidiNet dans le coin inférieur droit de la fenêtre. Lorsque l'utilisateur fait défiler son texte, ce qui change, ce sont les coordonnées de l'image du logo par rapport à la fenêtre. Lorsqu'il modifie les dimensions de celle-ci, ce sont ses propriétés largeur et hauteur. Il suffit donc de fixer à chaque fois les coordonnées du coin supérieur gauche du logo en fonction de ces nouvelles valeurs en ménageant un petit espace pour décoller le logo des bords du cadre.

La gestion de DHTML

Dans ce document HTML, il y a deux scripts : un premier à l'emplacement habituel, dans la section d'en-tête, et un second dans le corps du document. Dans le premier script, un groupe de trois instructions regarde de quel navigateur il s'agit et attribue en conséquence une valeur appropriée à la variable `navigateur`. Dans la fonction `recadre()`, on exploite cette information au moyen d'un `switch` qui comporte deux clauses : l'une pour Microsoft, l'autre pour Netscape. (Nous avons choisi d'ignorer Opera, mais nous encourageons le lecteur fanatique de ce navigateur qui nous vient du froid à compléter le script pour qu'il puisse tourner avec cet enfant de la Norvège.)

Dans le second script, qui est placé dans le corps du document HTML, à l'intérieur de la balise `<DIV>`, on calcule une fois pour toutes les déplacements fixes à donner au coin supérieur gauche du logo. Cet emplacement bizarre est nécessaire car l'image placée dans la balise `<DIV>` n'est vue ni du reste du document ni du premier script par Netscape Navigator.

De haut en bas et de gauche à droite

La Cigale et la Fourmi

Points principaux

Gestion de fenêtre, défilement de texte, frames, minuterie, `scrollTo()`, `onLoad`.

En conjuguant l'emploi de la méthode `scrollTo()` de l'objet `Window`, qui permet de faire défiler le contenu de l'écran, et de la méthode `setTimeout()`, qui déclenche une minuterie, on peut facilement faire défiler un texte de bas en haut. Les Listings 2.34 à 2.37 en montrent un exemple, réalisé avec une structure de frames.

Listing 2.34 : *scroll0.htm*

```
<HTML>
<HEAD>
<TITLE>Les fables de La Fontaine</TITLE>
</HEAD>
<FRAMESET ROWS="60, *, 40" FRAMEBORDER=0>
      <FRAME SRC="scroll1.htm" SCROLLING=NO>
      <FRAME SRC="scroll3.htm" MARGINHEIGHT=0
      ➥MARGINWIDTH=0>
      <FRAME SRC="scroll2.htm" SCROLLING=NO FRAMEBORDER=0>
</FRAMESET>
</HTML>
```

Listing 2.35 : *scroll1.htm*

```
<HTML>
<HEAD>
<TITLE></TITLE>
</HEAD>
<BODY BGCOLOR="lightsteelblue" TEXT="purple">
<DIV ALIGN=CENTER>
<H1>Les fables de La Fontaine</H1>
</DIV>
</BODY>
</HTML>
```

Listing 2.36 : *scroll2.htm*

```
<HTML>
<HEAD>
<TITLE></TITLE>
</HEAD>
<BODY TEXT="tan">
<DIV ALIGN=CENTER>
<H2>La Cigale et la Fourmi</H2>
</DIV>
</BODY>
</HTML>
```

Listing 2.37 : *scroll3.htm*

```
<HTML>
<HEAD>
<TITLE>Les fables de La Fontaine</TITLE>
<script language="JavaScript">
var distance = 0;
function vas_y(quantite)
{ scrollTo(0, quantite);
  setTimeout("defile()",10);
}
function defile()
{ if (distance++ < 350) vas_y(distance);
}
</script>
</HEAD>
<BODY BGCOLOR="white" TEXT="brick" onLoad="defile()">
<DIV ALIGN=CENTER><TABLE>
<TR><TD BGCOLOR="WHITE"><PRE>
La Cigale, ayant chanté
Tout l'été,
Se trouva fort dépourvue
Quand la bise fut venue :

   ... suite de la fable ...

<FONT COLOR="blue">- Vous chantiez? j'en suis fort aise
Eh bien ! dansez maintenant. "</FONT>
</PRE>
</TD></TR><TR><TD><PRE>

   ... 23 lignes blanches ...

</PRE>
</TD></TR></TABLE></DIV>
</BODY>
</HTML>
```

Cet exemple montre combien il est facile de faire de l'effet avec peu de moyens. Tout tient dans les deux fonctions `vas_y()` et `defile()`, qui s'appellent l'une l'autre. Le mécanisme est amorcé par le `onLoad="defile()` placé dans la balise `<BODY>`. Celle-ci appelle la fonction `vas_y()`, à laquelle elle passe la variable `distance`, qui représente le nombre de pixels dont il faut faire monter le contenu du frame central. A chaque appel, la postincrémentation augmente d'une unité la distance à parcourir et, quand on aura déplacé les 350 pixels qu'occupe le texte, les appels s'arrêteront.

```
function vas_y(quantite)
{ scrollTo(0, quantite);
  setTimeout("defile()",10);
}

function defile()
{ if (distance++ < 350) vas_y(distance);
}
```

N'y pensez pas trop...

Points principaux

Défilement horizontal, minuterie, entrée/sortie dans un formulaire, `for`, `onLoad()`, opérateur modulo, `charAt()`.

Au début, cela paraissait très amusant. Et puis tout le monde s'en est tellement servi que, maintenant, le message d'une ligne qui se déroule, tel une publicité lumineuse, cela semble bien usé. Néanmoins, il est intéressant de voir comment est réalisé le mécanisme de défilement. Le Listing 2.38 montre comment écrire un script qui affiche un texte défilant dans une boîte de saisie de formulaire. Ici, presque tout se trouve dans le script lui-même, HTML ne servant qu'à créer un bouton commandant en bascule le fonctionnement ou l'arrêt du défilement. La Figure 2.3 vous donne une idée (malheureusement immobile) de ce que verra le visiteur.

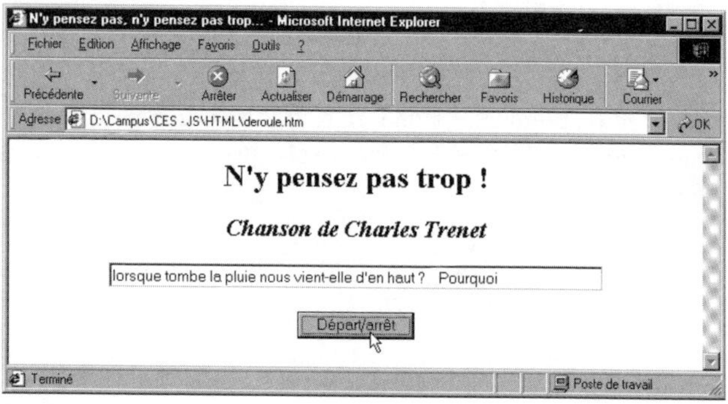

Figure 2.3 : Défilement horizontal d'un texte dans une boîte de formulaire.

Listing 2.38 : *deroule.htm*

```
<HTML>
<HEAD>
<TITLE>N'y pensez pas, n'y pensez pas trop...</TITLE>
<script language="JavaScript">
var message =
    "Pourquoi lorsque tombe la pluie nous vient-elle d'en
    ➥haut ?    "
l = message.length;
pause = true;
k=0;

function affiche()
{ rempli(k++);
  if (pause) setTimeout("affiche()", 100);
}

function rempli(j)
{ document.forms[0].elements[0].value = "";
  for (i=0; i<l; i++)
  { document.forms[0].elements[0].value += message.charAt
    ➥((j+i)%l);
  }
}
```

```
function startstop()
{ pause = ! pause;
  if (pause) affiche()
}

</SCRIPT>
</HEAD>
<BODY onLoad="affiche()">
<CENTER>
<H2>N'y pensez pas trop !</H2>
<H3><i>Chanson de Charles Trenet</i></H3>
<FORM>
<INPUT TYPE="text" SIZE="63">
<P>
<INPUT TYPE="button" VALUE="Départ/arrêt"
➥onClick="startstop()">
</FORM>
</CENTER>
</BODY>
</HTML>
```

C'est une exploitation du mécanisme de minuterie qui permet de rappeler périodiquement une fonction. Le script commence par initialiser quelques variables, dont `message`, qui contient le texte à faire défiler. Il est bon de ménager quelques espaces au début ou à la fin, afin qu'on distingue bien son début de sa fin.

Le lancement du mouvement est commandé par `onLoad` dans la balise `<BODY>`, qui appelle la fonction `affiche()`. Elle fait très peu de choses : appeler la fonction `rempli()` en lui passant la variable `k`, initialement à zéro et qui va être postincrémentée.

```
function affiche()
{ rempli(k++);
  if (pause) setTimeout("affiche()", 100);
}
```

Son autre instruction gère la pause. Lorsque la variable `pause`, qui vaut initialement `true`, prend la valeur `false`, on ne relance plus la minuterie, ce qui stoppe donc le défilement. Lorsque l'utilisateur cliquera derechef sur le bouton Départ/arrêt, la fonction `startstop()` sera appelée et elle fera basculer la valeur de `pause` puis relancera le mécanisme en appelant `affiche()`.

```
function startstop()
{ pause = ! pause;
  if (pause) affiche()
}
```

C'est dans la fonction `rempli()` que se cache l'essentiel du mécanisme. Elle est pourtant bien simple :

```
function rempli(j)
{ document.forms[0].elements[0].value = "";
  for (i=0; i<l; i++)
  { document.forms[0].elements[0].value +=
           message.charAt((j+i) % l);
  }
}
```

L'affichage se fait dans une boîte de saisie de formulaire (`<INPUT TYPE="text"...>`) dont la fonction commence par initialiser le contenu en y plaçant une chaîne vide. Ensuite vient une boucle `for` qui va répéter un nombre de fois égal à la longueur du texte défilant cette seule instruction :

```
document.forms[0].elements[0].value +=
message.charAt((j+i) % l);
```

Autrement dit, elle va garnir, caractère par caractère, cette boîte de saisie avec le texte à afficher depuis une origine glissante allant de l'extrême gauche à l'extrême droite. Si la position du premier caractère à extraire de `message` dépasse la longueur réelle du message, l'opérateur modulo de l'expression `(i+j) % l` la recale automatiquement à zéro, ce qui permet au message de se mordre la queue.

Essaie de m'attraper

Points principaux

Evénements de la souris, DHTML, fenêtre, minuterie, reconnaissance du navigateur, `random()`, `onMouseOver`, `indexOf()`.

Au milieu d'un écran vide apparaît un bouton marqué "Cliquez ici". Dès que le pointeur de la souris s'en approche, le bouton se sauve. La poursuite peut se prolonger ainsi très longtemps avant que l'utilisateur soit suffisamment adroit pour cliquer réellement sur le bouton. A condition qu'il y arrive, bien sûr ! Dans ce cas, un message s'affichera, lui disant qu'il a gagné. Le script du Listing 2.39 exploite les fonctionnalités de DHTML et doit donc comporter des séquences différentes selon que l'utilisateur se sert de Netscape Navigator ou d'Internet Explorer.

INFO

Ce script ne fonctionne pas avec Opera.

Listing 2.39 : *chasse.htm*

```
<HTML>
<HEAD>
<TITLE>Le bouton taquin</TITLE>
</HEAD>
<BODY onLOad="test_navi()">
<LAYER NAME="Netscape" WIDTH=120 HEIGHT=10>
<DIV ID="Microsoft" STYLE="position:absolute">
<FORM NAME="formu">
<INPUT TYPE="button" NAME="bouton" VALUE=" Cliquez ici ! "
     onClick="gagner()" onMouseOver="attraper()">
</FORM>
</DIV>
</LAYER>

<SCRIPT LANGUAGE="JavaScript">
// Attention, ce script de fonctionne pas avec Opera
//**************************************************
```

```
function test_navi()
{ if (navigator.userAgent.indexOf("Opera") != -1)
  { document.write("<H2>Désolé, ce script ne fonctionne pas
    ➥avec Opera</H2>");
    setTimeout('self.location = "_blank.htm"', 3000);
  }
}
//**************************************************

if (navigator.appName.indexOf("Netscape") != -1)
   netscape = true;  // Netscape Navigator
 else
   netscape = false; // Internet Explorer
fini = false;
largeur = 600;
hauteur = 400;

resizeTo(largeur, hauteur);

if (netscape)  // Netscape Navigator
{ document.Netscape.left = innerWidth / 2 - 60;
  document.Netscape.top = innerHeight / 2 - 10;
  limiteY = hauteur - 20;
}
else           // Internet Explorer
{ document.all.Microsoft.style.left = largeur / 2 - 60;
  document.all.Microsoft.style.top = hauteur / 2 - 70;
  limiteY = hauteur - 130;
}
limiteX = largeur-100;

function attraper(e)
{ if (fini) return;
  X = Math.floor(Math.random() * largeur) % limiteX;
  Y = Math.floor(Math.random() * hauteur) % limiteY;

  if (netscape)  // Netscape Navigator
  { document.Netscape.pageX = X;
    document.Netscape.pageY = Y;
  }
  else           // Internet Explorer
  { document.all.Microsoft.style.left = X;
```

```
    document.all.Microsoft.style.top = Y;
  }
  return false;
}

function gagner()
{ if (netscape)
  { document.Netscape.document.Microsoft.
  document.formu.bouton.value = "Vous avez gagné !";
  }
  else
  { document.formu.bouton.value = "Vous avez gagné !";
  }
  fini = true;
}

if (netscape)
{ document.captureEvents(Event.ONMOUSEOVER);
  document.layers[0].onMouseOver = attraper;
}

</SCRIPT>
</BODY>
</HTML>
```

Comme ce script ne fonctionne pas avec Opera, le `onLoad` de la balise `<BODY>` appelle la fonction `test_navi()` pour distinguer cette éventualité. Si c'est le cas, le message "Désolé, ce script ne fonctionne pas avec Opera" est affiché et, après un délai de trois secondes, une page blanche (`_blank.htm`) est chargée.

Dans les autres cas, à tout hasard, on crée un layer et une division qui seront exploités, le premier par Netscape Navigator, le second par Internet Explorer. Celui qui sera inutilisé ne gênera en rien le fonctionnement. Vient ensuite la reconnaissance du navigateur par l'observation de la propriété `navigator.appName`. La variable `netscape` prendra alors la valeur `true` ou `false` selon le cas.

Ensuite, la fenêtre est amenée aux dimensions 600 × 400 pixels car, plus grande, elle augmenterait les chances du bouton d'échapper à la poursuite. On place ensuite le bouton approximativement au centre de l'écran.

Netscape Navigator ne gérant pas directement l'événement `onMouseOver`, on a recours à un gestionnaire d'événement :

```
if (netscape)
{ document.captureEvents(Event.ONMOUSEOVER);
  document.layers[0].onMouseOver = attraper;
}
```

Le problème se simplifie avec Internet Explorer, avec lequel on peut exploiter directement la balise `<INPUT>`, dont le contenu sera ignoré par Netscape Navigator :

```
<INPUT TYPE="button" NAME="bouton" VALUE="  Cliquez ici ! "
       onClick="gagner()" onMouseOver="attraper()">
```

Avec la fonction qui gère l'événement `onMouseOver`, on calcule de nouvelles coordonnées pour le bouton à partir de deux appels à la fonction `Math.random()` puis on déplace le layer (ou la division) selon ce qu'on a obtenu :

```
if (netscape)  // Netscape Navigator
  { document.Netscape.pageX = X;
    document.Netscape.pageY = Y;
  }
  else          // Internet Explorer
  { document.all.Microsoft.style.left = X;
    document.all.Microsoft.style.top = Y;
  }
```

Si (quasiment par miracle !) l'utilisateur parvient à cliquer sur le bouton, le libellé de celui-ci est modifié par l'une des deux instructions :

```
function gagner()
{ if (netscape)
  { document.Netscape.document.Microsoft.document.
```

```
    formu.bouton.value = "Vous avez gagné !";
  }
  else
  { document.formu.bouton.value = "Vous avez gagné !";
  }
  fini = true;
}
```

Remarquez au passage l'emboîtement nécessaire pour atteindre le bouton.

Les expressions rationnelles

Les expressions rationnelles (*regular expressions*) sont constituées de chaînes de caractères codées, des *profils* (*patterns*), destinées à effectuer des recherches selon des critères élaborés dans des textes. Ces recherches peuvent même s'accompagner de remplacements.

L'isolement des mots d'une phrase

Points principaux

Expressions rationnelles, `for`.

Un exemple simple va permettre de clarifier cette présentation à la fois brève et aride. Le Listing 2.40 présente un script qui permet de séparer les mots d'une phrase et de les compter. Le profil utilisé ici, `/.\w*./gi`, indique comme critère de recherche :

- `.` : n'importe quel caractère en un seul exemplaire ;
- **\w** : n'importe quel caractère alphanumérique ;
- `*` : un nombre quelconque d'occurrences (0 compris) ;
- `.` : n'importe quel caractère en un seul exemplaire.

Les slashes (/) sont les délimiteurs du profil et "gi" indique que la recherche doit se faire sur l'ensemble du texte sans distinguer les majuscules des minuscules.

Listing 2.40 : *regex.htm*

```
<HTML>

<HEAD>
<TITLE>Petit exemple d'expression rationnelle</TITLE>
<SCRIPT LANGUAGE="JavaScript">
texte = new String ("Dès qu'on le lâche au pré, le cochon
➥se met à manger et son groin ne quitte plus la terre.");

document.write("<H3>Recherche et comptage des mots d'une
➥phrase</H3>");
document.write("<B>Texte source : </B>" + texte + "<P>");

p = /.\w*./gi;

resultat = texte.match(p);
document.write("<B>Profil utilisé : </B>", p, "<HR>");

document.write("Cette phrase comporte "+ resultat.length
➥+ " mots :<BR>");
document.write("<TABLE>");
for (i=0; i<resultat.length; i++)
{ if (i % 6 == 0) document.write("<TR>");
  document.write("<TD width=200>" + resultat[i]);
}
document.write("</TABLE>");
</SCRIPT>
</HEAD>

<BODY>
</BODY>

</HTML>
```

Hélas, si Netscape Navigator donne un résultat parfaitement correct, Internet Explorer et Opera ne reconnaissent pas les caractères accentués comme faisant partie de l'alphabet et les considèrent comme des séparateurs. Il en résulte le tableau de résultats reproduit ci-dessous :

Dè	s	qu'	on	le	lâ
che	au	pré,	le	cochon	
se	met	à	manger	et	son
groin	ne	quitte	plus	la	terre

Passe encore pour Internet Explorer, qui est d'origine américaine, mais avec Opera, qui est norvégien, on ne peut qu'être choqué. Pour que les choses rentrent dans l'ordre, il faut modifier ainsi le profil de recherche, en ajoutant explicitement aux caractères alphanumériques symbolisés par "\w" la liste de nos caractères accentués :

```
/.(\w¦[àâéèêëîïûü])*./gi
```

INFO

Les balises <TABLE>, <TR> et <TD> permettent de présenter les résultats plus clairement sous la forme d'un tableau.

La recherche des mots de six lettres

Points principaux

Expressions rationnelles, `for`.

On reprend la même phrase que dans le cas précédent mais le profil devient :

```
p = /\b\w{6}\b/gi;
```

Il se lit :

- **\b :** frontière de mot ;

- **\w** : n'importe quel caractère alphanumérique ;
- **{6}** : six fois le caractère précédent ;
- **\b :** frontière de mot.

Cette fois, Internet Explorer et Netscape Navigator sont d'accord pour trouver les mots *cochon*, *manger* et *quitte*. Quant à Opera, il se plante et ne donne aucun résultat.

La rechercher d'un numéro de téléphone

Points principaux

Expressions rationnelles, `for`.

Pour retrouver un numéro de téléphone formé comme il se doit de cinq groupes de deux chiffres séparés par un espace ou un point, on peut utiliser le profil suivant :

```
/(\d{2}(\.¦\s)){5}/g
```

Appliqué à la phrase suivante :

La voyant se lever, je lui demandai son numéro de téléphone. "Vous pouvez m'appeler chez moi au 01 22 33 44 55 ou au 06 66 72 66 77 sur mon portable (de nuit comme de jour)", me répondit-elle.

on obtiendra bien : *01 22 33 44 55* et *06 66 72 66 77.*

Décomposons le profil :

- (: début de groupement ;
- **\d** : n'importe quel chiffre ;
- **{2}** : deux fois le caractère précédent ;
- (: début d'un second groupement ;
- **\.|\s** : un point ou un caractère d'espacement ;

-) : fin du second groupement ;
-) : fin du premier groupement ;
- {5} : cinq fois l'ensemble.

INFO

Ce profil suppose que le caractère qui suit immédiatement le numéro de téléphone est un espace. En traitant à part le dernier groupe, on supprime cette sujétion, et l'expression rationnelle devient : /([0-9]{2}(\.¦\s)){4}[0-9]{2}/g ou : /([0-9]{2}[^0-9]){4}[0-9]{2}/g.

Deux petits menus de liens

Points principaux

Menu de liens, <SELECT>, onChange.

Pour proposer vos liens préférés à votre visiteur ou, plus simplement, pour lui proposer de choisir une des pages de votre site Web, voici deux menus très simples qui ne demandent pas beaucoup de moyens à mettre en œuvre puisqu'une seule instruction JavaScript suffit. Avec une petite poignée de balises autour, quand même ! Ils sont tous deux construits autour d'une simple liste déroulante réalisée avec une balise <SELECT>, comme vous pouvez le voir sur les Listings 2.41 et 2.42.

Listing 2.41 : *liens1.htm*

```
<HTML>
<HEAD>
<TITLE>Un simple menu de liens</TITLE>
</HEAD>
<BODY>
<FORM NAME="liens">
<SELECT NAME="ou" SIZE="1" onchange="location=document
```

```
➥.liens.ou.options[document.liens.ou.selectedindex]
➥.value">
<OPTION VALUE="http://www.altavista.com">AltaVista</OPTION>
<OPTION VALUE="http://www.yahoo.fr">Yahoo!</OPTION>
<OPTION VALUE="http://www.copernic.com">Copernic</OPTION>
<OPTION VALUE="http://www.netscape.com">Netscape</OPTION>
<OPTION VALUE="http://www.microsoft.com">Microsoft</OPTION>
<OPTION VALUE="http://www.tucows.com">TUCOWS</OPTION>
</SELECT>
</FORM>

</BODY>
</HTML>
```

Listing 2.42 : *liens2.htm*

```
<HTML>
<HEAD>
<TITLE>Un simple menu de liens</TITLE>
</HEAD>
<BODY>
<FORM NAME="liens">
<SELECT NAME="ou" SIZE="1"
<OPTION VALUE="http://www.altavista.com">AltaVista</OPTION>
<OPTION VALUE="http://www.yahoo.fr">Yahoo!</OPTION>
<OPTION VALUE="http://www.copernic.com">Copernic</OPTION>
<OPTION VALUE="http://www.netscape.com">Netscape</OPTION>
<OPTION VALUE="http://www.microsoft.com">Microsoft</OPTION>
<OPTION VALUE="http://www.tucows.com">TUCOWS</OPTION>
</SELECT>
<INPUT TYPE="button" VALUE="Chargez !"

ONCLICK="location=document.liens.ou.options[document.liens
➥.ou.selectedindex].value">
</FORM>

</BODY>
</HTML>
```

Dans le premier menu, on choisit une des rubriques de la liste déroulante et ce choix suffit à déclencher l'appel du lien sélectionné par l'exploitation de l'événement `onChange`. Dans le second, on procède de la même manière que dans le premier menu mais, en plus, on doit cliquer sur le bouton Chargez !. Cette façon de faire peut probablement moins dérouter le visiteur.

Combien de fois êtes-vous déjà venu ?

Points principaux

Cookies.

Il est facile (enfin... pas réellement difficile) de savoir combien de fois un utilisateur a visité votre site, pourvu qu'il accepte les cookies. Nous supposerons que c'est le cas afin de ne pas trop compliquer cet exemple. Le principe de ce comptage repose sur la création d'un cookie qui aura pour nom "compteur". Dans la vie réelle, il faudrait naturellement lui donner un nom moins banal afin qu'il ne risque pas d'être confondu avec un autre. Le Listing 2.43 présente le script que nous allons utiliser pour compter les visites.

INFO

Ce script ne fonctionne pas avec Opera.

Listing 2.43 : *comptvis.htm*

```
<html>
<head>
<title>Combien de fois êtes-vous déjà venu ?</title>
</head>
<SCRIPT LANGUAGE="JavaScript">

// Création d'un cookie
function SetCookie (nom, valeur)
{ argv = SetCookie.arguments;
  argc = SetCookie.arguments.length;
  expires = (argc > 2) ? argv[2] : null;
```

```
  path = (argc > 3) ? argv[3] : null;
  domain = (argc > 4) ? argv[4] : null;
  secure = (argc > 5) ? argv[5] : false;
  document.cookie = nom + "=" + escape (valeur) +
                    ((expires == null) ? "" :
                    ➥("; expires=" +
                    expires.toGMTString())) +
                    ((path == null) ? "" : ("; path=" +
                    ➥path)) +
                    ((domain == null) ? "" : ("; domain=" +
                    ➥domain)) +
                    ((secure == true) ? "; secure" : "");
}

// Lecture d'un cookie
function GetCookie (nom)
{ var arg = nom + "=";
  var alen = arg.length;
  var i = 0;

  while (i < document.cookie.length)
  { var j = i + alen;
    if (document.cookie.substring(i, j) == arg)
    { var endstr = document.cookie.indexOf (";", j);
      if (endstr == -1) endstr = document.cookie.length;
      return unescape(document.cookie.substring
        ➥(j, endstr));
    }
    i = document.cookie.indexOf(" ", i) +  1;
    if (i == 0) break;
  }
  return null;
}

// Suppression d'un cookie
function DeleteCookie (nom)
{ var date_expi = new Date();              // aujourd'hui
  date_expi.setTime (date_expi.getTime() - 1); // hier
  var nom_cookie = GetCookie (nom);
  document.cookie = GetCookie (name);
  document.cookie = name + "=" + nom_cookie + ";
  expires= " + date_expi.toGMTString();;
```

```
}

var duree_de_vie = 30;
var date_expi = new Date();
date_expi.setTime(date_expi.getTime()  +
➥(duree_de_vie*24*60*60*1000));

// Combien de visites ?
function combien()
{ compteur = GetCookie('compteur'); // lecture du cookie
  if(compteur == null)              // première visite
  { SetCookie('compteur','1');
    return 0;
  }
  else                              // visites suivantes
  { nouveau_compteur = parseInt(compteur) +  1;
    DeleteCookie('compteur');
    SetCookie('compteur', nouveau_compteur, date_expi);
    return compteur;
  }
}

</SCRIPT>
</HEAD>

<BODY>
<SCRIPT LANGUAGE="JavaScript">
if ((nb_fois = combien()) == 0)
{ document.write("C'est la première fois que vous visitez
  ➥ce site.")
}
else
{ document.write("Vous avez déjà visité ce site " +
  ➥nb_fois + " fois.")
}
</SCRIPT>
</BODY>
</HTML>
```

Nous ne pouvons pas ici détailler le mécanisme de gestion des cookies. Rappelons simplement qu'il s'agit de petits fichiers texte que le navigateur peut écrire sur le disque dur de l'utilisateur et qui lui servent à conserver certaines informations, généralement de nature commerciale.

Pour connaître le nombre de visites, la partie du script située dans le corps du document HTML appelle la fonction `combien()`. Un petit test permet de repérer la première visite et modifie en conséquence ce qui sera affiché. Le cookie est lu par l'instruction :

```
compteur = GetCookie('compteur');
```

A part le cas de cette première visite, on trouve les instructions suivantes :

```
nouveau_compteur = parseInt(compteur) + 1;
DeleteCookie('compteur');
SetCookie('compteur', nouveau_compteur, date_expi);
return compteur;
```

qui effacent l'ancien cookie et le remplacent par un nouveau, identique au précédent, mais dans lequel la valeur du paramètre de comptage a été incrémentée d'une unité.

Un patchwork

Points principaux

Objet `Images`, préchargement des images, `onClick`, `for`, `random()`, `round()`, `onLoad`.

Cet exemple montre comment on peut "précharger" des images dans une page Web et les faire apparaître instantanément sur l'écran. Le préchargement a pour but de charger sans les afficher des images. Ce chargement pourra prendre un certain temps en fonction de leur taille et de la charge de l'Internet à ce moment précis. Lorsqu'on souhaite changer des images dans une page, par exemple quand on utilise des rollovers dans un menu, le préchargement permet d'éviter le hiatus qui risquerait de se produire si on chargeait directement la nouvelle image depuis le serveur Web. Cette amélioration n'est perceptible que lorsque le script est réellement exploité à partir d'un serveur de l'Internet. Au cours de la mise au point en local, lorsqu'on accède aux documents HTML et aux images depuis son disque dur, ce gain de temps est imperceptible.

Le Listing 2.44 montre comment constituer un patchwork de quatre rangées de quatre carrés dont on peut modifier l'apparence d'un clic de souris sur un bouton.

Listing 2.44 : *images.htm*

```
<HTML>
<TITLE>Un patchwork</TITLE>
<HEAD>
<SCRIPT language="JavaScript">
carres = new Array(9);
carres[0] = new Image(20,20);
carres[0].src = "noir.gif";
carres[1] = new Image(20,20);
carres[1].src = "jaune.gif";
carres[2] = new Image(20,20);
carres[2].src = "rouge.gif";
carres[3] = new Image(20,20);
carres[3].src = "gris.gif";
carres[4] = new Image(20,20);
carres[4].src = "magenta.gif";
carres[5] = new Image(20,20);
carres[5].src = "vert.gif";
carres[6] = new Image(20,20);
carres[6].src = "bleu.gif";
carres[7] = new Image(20,20);
carres[7].src = "cyan.gif";
carres[8] = new Image(20,20);
carres[8].src = "blanc.gif";

function affiche()
{ for (i=0; i<15; i++)
   document.images[i].src = carres[Math.round(Math.random()
```

```
* 9)].src;
}
</SCRIPT>
</HEAD>
<BODY onLoad="affiche()">
<DIV ALIGN=center>
<IMG SRC="blanc.gif" HEIGHT=50 WIDTH=50 BORDER=1>
<IMG SRC="blanc.gif" HEIGHT=50 WIDTH=50 BORDER=1>
<IMG SRC="blanc.gif" HEIGHT=50 WIDTH=50 BORDER=1>
<IMG SRC="blanc.gif" HEIGHT=50 WIDTH=50 BORDER=1>
<BR>
<IMG SRC="blanc.gif" HEIGHT=50 WIDTH=50 BORDER=1>
<IMG SRC="blanc.gif" HEIGHT=50 WIDTH=50 BORDER=1>
<IMG SRC="blanc.gif" HEIGHT=50 WIDTH=50 BORDER=1>
<IMG SRC="blanc.gif" HEIGHT=50 WIDTH=50 BORDER=1>
<BR>
<IMG SRC="blanc.gif" HEIGHT=50 WIDTH=50 BORDER=1>
<IMG SRC="blanc.gif" HEIGHT=50 WIDTH=50 BORDER=1>
<IMG SRC="blanc.gif" HEIGHT=50 WIDTH=50 BORDER=1>
<IMG SRC="blanc.gif" HEIGHT=50 WIDTH=50 BORDER=1>
<BR>
<IMG SRC="blanc.gif" HEIGHT=50 WIDTH=50 BORDER=1>
<IMG SRC="blanc.gif" HEIGHT=50 WIDTH=50 BORDER=1>
<IMG SRC="blanc.gif" HEIGHT=50 WIDTH=50 BORDER=1>
<IMG SRC="blanc.gif" HEIGHT=50 WIDTH=50 BORDER=1>
<FORM>
<INPUT TYPE=button VALUE="Nouveau patchwork"
onClick="affiche()">
</FORM>
</DIV>
</BODY>
</HTML>
```

Il faut préalablement créer à l'aide d'un logiciel de dessin (MSPaint, par exemple) neuf carrés de couleurs différentes mais uniformes, ayant chacun un côté de 20 pixels. Le script commence par définir un tableau `carres[]` de neuf éléments (autant qu'il y a de carrés de couleur). Ensuite, on répète neuf fois les deux instructions suivantes :

```
carres[0] = new Image(20,20);
carres[0].src = "noir.gif";
```

en variant à chaque fois leur indice ainsi que le nom de l'image utilisée. Ceci aura pour effet, au moment de la lecture du script par le navigateur, de charger ces images dans les éléments du tableau `carres[]` sans pour autant qu'elles apparaissent sur l'écran.

Dans le corps du document, on trouve seize balises `<IMG>` identiques organisées en quatre rangées de quatre séparées par une balise `<BR>` de façon qu'elles forment un carré. Initialement, elles pointent sur les carrés de couleur blanche, mais cela n'a guère d'importance.

Dans le script, la fonction `affiche()` ne contient qu'une seule boucle `for` :

```
document.images[i].src =
  carres[Math.round(Math.random() * 9)].src;
```

Son rôle est de modifier la propriété `src` des seize images placées dans le corps du document HTML, autrement dit de changer l'image vers laquelle pointent les balises correspondantes. La nouvelle image est choisie par un tirage aléatoire donnant une valeur d'indice comprise entre 0 et 15 que l'appel à la fonction `round()` convertit en un nombre entier, nécessaire pour éviter toute erreur.

La fonction `affiche()` est appelée une première fois au moment où la page est chargée et, ensuite, lorsque l'utilisateur clique sur le bouton marqué "Nouveau patchwork". La Figure 2.4 montre comment se présente le patchwork sur l'écran du navigateur.

La doctrine de Clemenceau

On dit que Georges Clemenceau donnait pour instruction aux journalistes du journal *L'Aurore :* "Faites des phrases courtes. Un

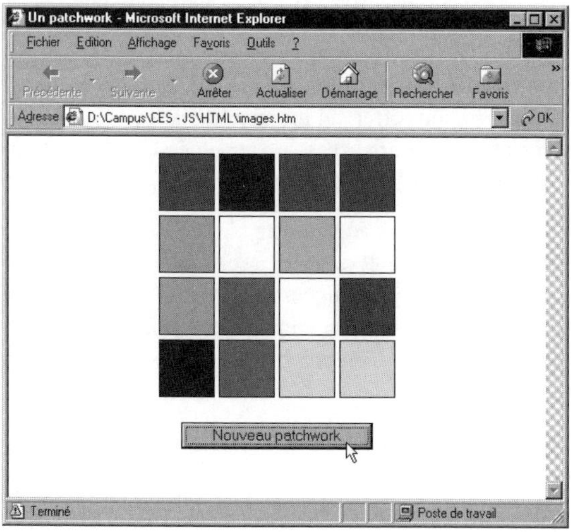

Figure 2.4 : Un simple patchwork composé de façon aléatoire.

sujet, un verbe, un complément. Quand vous voudrez ajouter un adjectif, vous viendrez me voir". Dans l'exemple du Listing 2.45, on utilise la méthode `charAt()`, qui permet d'isoler le caractère situé à la position `i` d'une chaîne de caractères pour compter les voyelles de cette phrase.

Listing 2.45 : *switch.htm*

```
<HTML>
<HEAD>
<TITLE>Les voyelles</TITLE>
<SCRIPT LANGUAGE="JavaScript">
var a = 0;
var e = 0;
var i = 0;
var o = 0;
var u = 0;
var y = 0;
```

```
var autres = 0;

texte = "Faites des phrases courtes. Un sujet, un verbe, un
         ➥complément."+
        "Quand vous voudrez ajouter un adjectif, vous
         ➥viendrez me voir.";

for (n=0; n<texte.length; n++)
{ switch (texte.charAt(n))
  { case "a" : a++;
               break;
    case "e" : e++;
               break;
    case "i" : i++;
               break;
    case "o" : o++;
               break;
    case "u" : u++;
               break;
    case "y" : y++;
               break;
    default  : autres++;
  }
}

document.write("<PRE><B>Ce texte contient :</B><BR>");
document.write("a : ", a, "<BR>");
document.write("e : ", e, "<BR>");
document.write("o : ", o, "<BR>");
document.write("i : ", i, "<BR>");
document.write("u : ", u, "<BR>");
document.write("y : ", y, "<BR>");
document.write("et ", autres, " autres caractères.</PRE>
➥<BR>");

</SCRIPT>
</HEAD>

<BODY>
</BODY>

</HTML>
```

La variable `autres` contiendra le nombre de caractères *autres* que des voyelles.

Et si, maintenant, nous retournions cette phrase comme un gant ? Le Listing 2.46 montre comment utiliser une boucle `while` à cet effet.

Listing 2.46 : *while.htm*

```
<HTML>
<HEAD>
<TITLE>Retournement</TITLE>
<SCRIPT LANGUAGE="JavaScript">
texte = "Faites des phrases courtes. Un sujet, un verbe, un
        ➥complément."+
        "Quand vous voudrez ajouter un adjectif, vous
        ➥viendrez me voir.";

a_l_envers = "";
position = texte.length;
while (position >= 0)
{ a_l_envers += texte.charAt(--position)
}
document.write("<B>A l'endroit :</B><BR>" + texte + "<P>");
document.write("<B>A l'envers :</B><BR>" + a_l_envers +
➥"<P>");
</SCRIPT>
</HEAD>

<BODY>
</BODY>

</HTML>
```

La variable `position` est initialisée avec la longueur de la chaîne de caractères à traiter, tandis que la variable `a_l_envers` l'est par une chaîne vide. Cette dernière va se remplir en étant concaténée avec les caractères extraits de la première chaîne en partant du plus à droite et en allant vers celui de gauche *tant que* la longueur de la chaîne sera non nulle.

Chapitre 3

Martine frappe les trois coups

Martine, qui a un goût prononcé pour le théâtre, souhaite dévoiler progressivement sa page d'accueil aux visiteurs de son site Web, un peu comme on lève le rideau lorsque les trois coups viennent d'être frappés. Mais ici, comme la page contient du texte et que ce dernier est traditionnellement écrit de haut en bas, c'est plutôt d'un baisser de rideau qu'il convient de parler. Autrement dit, la page chargée apparaît masquée par un rideau (enfin, disons plutôt un volet) de couleur foncée, bordé en haut d'un liseré de couleur. Ce volet va s'abaisser progressivement, dévoilant ainsi graduellement le contenu de la page. La Figure 3.1 vous donne une idée de ce qui va se passer en vous présentant une copie d'écran effectuée au cours du lever (du baisser ?) du rideau. Le script lui-même, `rideau.htm`, vous est présenté au Listing 3.1. Bien entendu, il fonctionne très correctement avec Netscape Navigator et Internet Explorer.

INFO

Il est préférable de ne pas utiliser Opera.

Listing 3.1 : *rideau.htm*

```
<HTML>
<HEAD>
<TITLE>Lever ou baisser de rideau ?</TITLE>
<STYLE type="text/css">
#rideau { position:absolute;
          top:0px; left:-10px;
          border-color:"cyan";
          border-width:"10 0 0 0";
          border-style:"solid";
          visibility:visible; z-index:2;
          background:"gray";
          width=110%; height:100%;}
</STYLE>
<SCRIPT LANGUAGE="JavaScript">
if (navigator.userAgent.indexOf("Opera") != -1)
             navigateur = "Opera";
  else if (navigator.appName.indexOf("Microsoft") != -1)
             navigateur =  "Microsoft";
       else if (navigator.appName.indexOf("Netscape") != -1)
             navigateur = "Netscape";

h = 0;
function page()
{ if (h++ < screen.height)
  if (navigateur == "Microsoft")
    document.all.rideau.style.posTop += 1;
  else
    document.layers[0].pageY += 2;
  setTimeout("page()", 3);
}
</SCRIPT>
</HEAD>
<BODY onLoad="page()">
<DIV ID="rideau">
<LAYER BGCOLOR="gray" WIDTH=100% HEIGHT=100% LEFT=-10>
  <LAYER BGCOLOR="cyan" WIDTH=100% HEIGHT=8>
  </LAYER>
</LAYER>
</DIV>
<DIV>
```

```
<CENTER>
<H2>La Cigale et la Fourmi</H2>
La Cigale, ayant chanté<BR>
Tout l'été,<BR>
Se trouva fort dépourvue<BR>
Quand la bise fut venue :<BR>
Pas un seul petit morceau<BR>
De mouche ou de vermisseau.<BR>
Elle alla crier famine<BR>
Chez la Fourmi sa voisine,<BR>
La priant de lui prêter<BR>
Quelque grain pour subsister<BR>
Jusqu'à la saison nouvelle.<BR>
<EM>" Je vous paierai, lui dit-elle,<BR>
Avant l'août, foi d'animal,<BR>
Intérêt et principal. "</EM><BR>
La Fourmi n'est pas prêteuse :<BR>
C'est là son moindre défaut.<BR>
<FONT COLOR="blue">" Que faisiez-vous au temps chaud ?
➥</FONT><BR>
Dit-elle à cette emprunteuse.<BR>
<EM>- Nuit et jour à tout venant<BR>
Je chantais, ne vous déplaise.</EM><BR>
<FONT COLOR="blue">- Vous chantiez? j'en suis fort aise<BR>
Eh bien ! dansez maintenant. "</FONT><BR>
</CENTER>
</DIV>
</BODY>
</HTML>
```

L'idée de Martine est simple : créer un layer (avec Netscape Navigator) ou une division (avec Internet Explorer) qui ne contienne rien mais qui ait la taille de la fenêtre et un arrière-plan gris foncé non transparent. Puis diminuer progressivement l'ordonnée de ce layer en faisant appel à une minuterie. Pour réaliser son idée, elle a fait appel à la grosse cavalerie : non seulement JavaScript mais aussi les feuilles de style.

Comme toujours, lorsqu'on veut qu'un script fonctionne aussi bien avec Netscape Navigator qu'avec Internet Explorer, il faut

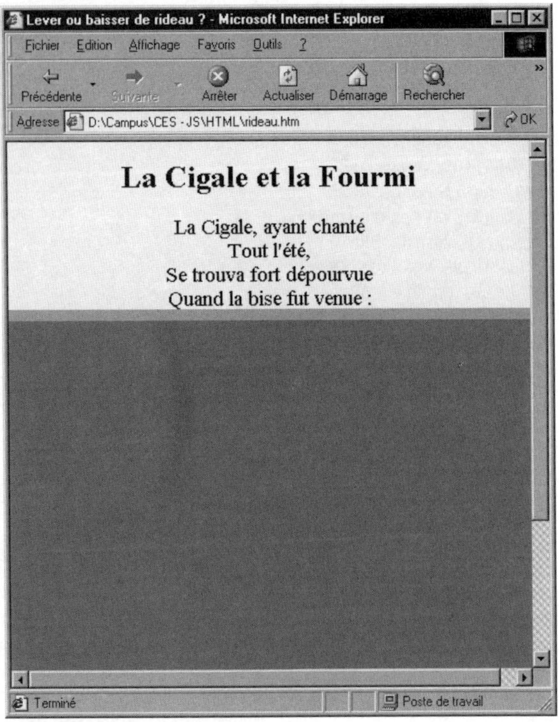

Figure 3.1 : Le rideau est en train de se lever sur la page d'accueil du site Web de Martine.

commencer par reconnaître le navigateur du visiteur. C'est ce que font les trois premières instructions du script.

La fonction `page()` est appelée par :

```
<BODY onLoad="page()">
```

Sa première instruction regarde si le rideau a complètement disparu (`if (h++ < screen.height)`), `h` représentant le nombre d'appels à `page()`, et cette fonction diminuant l'ordonnée du volet à chaque appel. Si le rideau a disparu, on ne fait plus rien. Sinon, selon le navigateur, on exécute l'une ou l'autre des instructions qui diminue l'ordonnée du volet d'une certaine valeur, plus grande avec Netscape Navigator qu'avec Internet Explorer. En effet, l'interpréteur JavaScript de Netscape est beaucoup moins rapide que celui de Microsoft et, de cette façon, le mouvement aura à peu près la même vitesse avec les deux navigateurs. La fonction se termine par le lancement d'une minuterie répétitive dont l'intervalle est fixé à 3 millisecondes.

Le liseré de couleur cyan, en haut du volet, est obtenu avec un second layer imbriqué dans le premier pour Netscape Navigator. Il sera ignoré par Internet Explorer, qui profitera de la définition des paramètres de bordure dans la feuille de style qui décrit la division `rideau`.

Chapitre 4

La grammaire et l'informatique

Joséphine ne connaît pas très bien l'orthographe des adjectifs numéraux et elle craint toujours de paraître ridicule lorsqu'elle remplit un chèque. Un "s" ou pas de "s" ? Un trait d'union ou pas ? Comme elle n'a pas les moyens de s'offrir l'assistance d'un secrétaire, elle a décidé de se mettre à l'informatique, pensant — avec raison — qu'un ordinateur saura faire cela bien mieux qu'elle. Elle a donc acheté un ordinateur et quelques livres tant sur l'art délicat de la programmation que sur la grammaire française et, à force de nuits blanches, a fini par réaliser le script qui vous est proposé au Listing 4.1. Comme c'est son premier chef-d'œuvre, on lui pardonnera de s'être limitée à des nombres d'au plus quatre chiffres ne comportant pas de partie décimale. Parmi les lecteurs du présent ouvrage, sans doute s'en trouvera-t-il qui auront à cœur de perfectionner ce modeste travail pour combler ces lacunes...

INFO

Ce script ne fonctionne pas avec Opera.

Listing 4.1 : *enlettres.htm*

```
<HTML>
<HEAD>
<TITLE>Nombres en lettres</TITLE>
<SCRIPT LANGUAGE="JavaScript">
unites = new Array("", "un", "deux", "trois", "quatre",
          "cinq", "six", "sept", "huit", "neuf", "dix",
          "onze", "douze", "treize", "quatorze", "quinze",
          "seize", "dix-sept", "dix-huit", "dix-neuf");
dizaines = new Array("", "", "vingt", "trente", "quarante",
          "cinquante", "soixante", "soixante",
          "quatre-vingt", "quatre-vingt");

var z = "";

function traduire(nombre)
{ z = "";
  if (nombre > 9999) return "Pas pris en compte";
  suite((milleCent(milleCent(nombre, 1000, "mille"),
         100, "cent")) % 100);
  return z;
}

function milleCent(nb, limite, mot)
{ quotient = Math.floor(nb/limite);
  reste = nb % limite;
  if (quotient > 0)
  { if (quotient > 1)
    { z += unites[quotient] +  " " + mot;
      z += (reste == 0) ? "s " : " ";
    }
    else z += mot + " ";
  }
  return reste;
}

function suite(nombre)
{ diz = nombre % 100;
  uni = diz % 10;
  dizu = Math.floor(diz/10);
  uniu = diz % 10;
```

```
  switch (dizu)
  { case 0 :
    case 1 : z += unites[diz];
             break;
    case 2 :
    case 3 :
    case 4 :
    case 5 : z += dizaines[dizu]
               + (nombre%10 == 1 ? " et" : "")
               + (uniu < 2 ? " " : "-")
               + unites[uniu];
             break;
    case 6 :
    case 7 : z += dizaines[dizu]
               + (nombre%10 == 1 ? " et" : "")
               + (nombre%20 < 2 || nombre%20 == 11 ? " " :
                 ➥"-")
               + unites[diz%20];
             break;

    case 8 :
    case 9 : z += dizaines[dizu]
               + (nombre%20 == 0 ? "s" : "")
               + (nombre%20 < 1 ? " " : "-")
               + unites[diz%20];
}
  return z;
}

function calcul()
{ affiche = open("", "", "resizable=no,scrollbars=yes,
  ➥height=400,width=400");
  document.formu.fac.value = "Fermer la fenêtre";

  for (var i=1; i<=1000; i++)
   affiche.document.write(traduire(i) +  "<BR>");
}

</SCRIPT>
</HEAD>

<BODY>
```

```
<FORM NAME="formu">
Donnez un nombre : <INPUT TYPE="text" NAME="v" SIZE="12"
    VALUE=""
    onChange="document.formu.res.value = traduire(this
    ➥.value)">
<BR>
<INPUT TYPE="text" NAME="res" SIZE="40" VALUE="">
<BR>
<INPUT TYPE="button" NAME="w"
       VALUE="Calculer les 1000 premières valeurs"
       ➥onClick="calcul()">
<INPUT TYPE="button" NAME="fac" VALUE="----------"
       onclick="window.affiche.close();
                document.formu.fac.value = '----------';" >
</FORM>
</BODY>
</HTML>
```

Finalement, ce script est davantage un travail de grammairien qu'un travail d'informaticien. Tous les traités de grammaire, de Bescherelle à Grevisse en passant par Girodet, indiquent les règles suivantes :

- On utilise un trait d'union entre les éléments inférieurs à cent (représentant les dizaines et les unités, comme dans "cinquante-six"), sauf si l'unité vaut un, auquel cas on joint les mots avec "et" comme dans trente **et** un. Sans trait d'union, bien sûr, qui, ici, serait redondant.
- Cas particuliers : si on dit "cinquante et un", "soixante et un", "soixante et onze", on ne dit ni "quatre vingt et un" ni "quatre-vingt et onze" mais "quatre-vingt-un" et "quatre-vingt-onze".
- "Deux cents" s'écrit avec un "s" mais "deux cent trois" sans "s" parce qu'il y a autre chose après les centaines.
- De même, " vingt" prend un "s" lorsqu'il n'est suivi de rien et n'en prend pas s'il y a quelque chose derrière (quatre-vingt-sept).

Dans le script proposé, les nombres inférieurs à cent sont traités à part au moyen de la fonction `suite()` qui examine les différents cas possibles au moyen d'un `switch` portant sur le chiffre des dizaines, `dizu`. De 1 à 19, on se contente de puiser dans le tableau `unites[]`. De 20 à 59, les règles sont identiques et se bornent à ajouter ou non un trait d'union et/ou le mot "et". Enfin, les tranches 60-79, d'une part, et 80-99, d'autre part, sont traitées séparément.

Pour les centaines et les milliers, l'algorithme est le même à deux constantes près. Les deux traitements ont donc pu être regroupés dans une même routine à laquelle on passe les arguments nécessaires selon la tranche à laquelle ils s'intéressent. Il en résulte l'appel suivant :

```
function traduire(nombre)
{ z = "";
  if (nombre > 9999) return "Pas pris en compte";
  suite((milleCent(milleCent(nombre, 1000, "mille"),
         100, "cent")) % 100);
  return z;
}
```

Ce qui pourrait, pour plus de clarté, se décomposer en :

```
r = milleCent(nombre, 1000, "mille")
s = milleCent(r, 100, "cent");
suite(s % 100);
```

La chaîne de caractères `z` dans laquelle sera rangé le résultat est une variable commune (extérieure, visible donc de partout) qui est grossie à chaque fois par la fonction dans laquelle on passe. Quant à la fonction `traduire()`, elle est appelée par l'événement `onChange` de la boîte de saisie :

```
onChange="document.formu.res.value = traduire(this.value)"
```

Pour vérifier plus largement l'exactitude de la traduction, on a ajouté la fonction `calcul()` appelée par un clic sur le bouton

Calculer les 1 000 premières valeurs, qui affiche le résultat de la traduction d'une tranche de nombres allant de 1 à 1 000. Cet affichage est réalisé dans une fenêtre auxiliaire créée dans la fonction `calcul()`. Immédiatement après la création de cette fenêtre, on modifie au moyen de l'instruction :

```
document.formu.fac.value = "Fermer la fenêtre";
```

le libellé du second bouton de formulaire qui montrait une suite de tirets. Il affiche maintenant "Fermer la fenêtre". Lorsqu'on aura lu quelques-uns des résultats contenus dans cette fenêtre auxiliaire et qu'on voudra la refermer, on exécutera ces deux instructions :

```
onclick="window.affiche.close();
document.formu.fac.value = '------------------';" >
```

qui auront pour effet de fermer la fenêtre et de réafficher les tirets sur le bouton, histoire de montrer qu'il ne sert plus à rien.

La Figure 4.1 donne un aperçu des résultats obtenus.

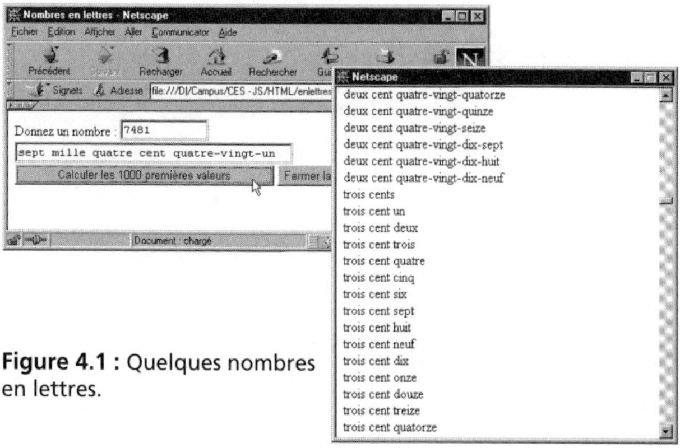

Figure 4.1 : Quelques nombres en lettres.

Chapitre 5

Cryptons, cryptons, disait l'espion

Ayant réussi à s'emparer d'informations qu'il croit top secret, Wladimir Z. décide de les crypter pour éviter qu'elles ne tombent aux mains de ses confrères mais néanmoins concurrents. Pour cela, il choisit un procédé fort ancien (donc éprouvé) appelé *La grille de Vigenère*. Il s'agit d'une méthode de chiffrement qu'un véritable professionnel décoderait sans trop de peine mais qui est capable de dérouter suffisamment un honorable correspondant. Cette grille consiste en un carré formé d'au moins 27 lignes comprenant chacune les 26 lettres de l'alphabet et l'espace mais décalées d'un cran l'une par rapport à l'autre :

```
abcdefghijklmnopqrstuvwxyz
bcdefghijklmnopqrstuvwxyz a
cdefghijklmnopqrstuvwxyz ab
defghijklmnopqrstuvwxyz abc
efghijklmnopqrstuvwxyz abcd
 ...
 ... etc.
 ...
yz abcdefghijklmnopqrstuvwx
z abcdefghijklmnopqrstuvwxy
 abcdefghijklmnopqrstuvwxyz
```

On choisit une clé de codage de longueur quelconque, par exemple *automobile,* et on la concatène à elle-même autant de fois que nécessaire pour former une chaîne de caractères de même longueur que le texte à coder. Prenons un exemple avec une demi-phrase de Blaise Pascal :

```
la force sans la justice est tyrannique
```

Faisons-lui correspondre notre clé :

```
la force sans la justice est tyrannique
automobileautomobileautomobileautomobil
```

Maintenant, on va remplacer chaque lettre du texte original par une lettre extraite de la grille, lettre qui sera choisie en prenant comme coordonnées :

- en abscisses, la lettre correspondante de la clé ;
- en ordonnées, la lettre elle-même (ou l'inverse, ça n'a pas d'importance puisque la grille est carrée).

On va ainsi obtenir :

```
lust edmkwagknxoarewtbvslstakxyktazwrbp
```

qui présente fort peu de ressemblance avec la phrase d'origine. Il est important d'inclure l'espace dans la grille, faute de quoi les longueurs de "mots" seraient identiques, ce qui pourrait fournir un indice pour le décodage. Certes, si on voulait être exhaustif, il faudrait ajouter dans la grille l'ensemble des caractères imprimables de l'alphabet ASCII plus, pour les langues comme la nôtre, les diacritiques. Tout compte fait, notre ami Wladimir retient, pour confectionner sa grille, la chaîne suivante :

```
abcdefghijklmnopqrstuvwxyz
ABCDEFGHIJKLMNOPQRSTUVWXYZ,.
;:?!0123456789àâûéèêôîùüï'()-+\"
```

dans laquelle on remarquera la présence du guillemet. Si on rencontre un caractère absent de la grille, il sera considéré comme un espace et codé comme tel.

Wladimir, soucieux d'économiser sa peine, se dit qu'il faut éviter de programmer brutalement l'algorithme tel quel. Une fois n'est pas coutume, il préfère faire ce que tout programmeur devrait faire avant de se jeter, telle une bête, sur son clavier et aligner des instructions : REFLECHIR[1].

Une première remarque s'impose : dans la grille, l'information est très redondante puisque chaque ligne est identique, à la position près, à la précédente. Ensuite, une ligne quelconque est décalée d'un certain nombre de positions qui correspond précisément à la position de la lettre homologue prise dans la clé. En supposant que les lettres de l'alphabet soient numérotées dans l'ordre, de 0 à 25 (l'espace ayant alors le numéro 26), la position de la lettre remplaçante est égale à la somme du numéro du caractère de la phrase à coder et de celui de la lettre correspondante de la clé.

Et voilà ! On est passé de deux dimensions à une seule : la grille n'est plus qu'une seule et unique chaîne de caractères. Mais il y a un petit détail à prendre en compte : en faisant cette addition, on risque d'obtenir une valeur supérieure à la longueur de la ligne. Qu'à cela ne tienne ! Considérant que la chaîne de codage se mord la queue, il suffit alors de retrancher de cette valeur la longueur de la ligne elle-même.

Voilà qui est clair, voilà qui est simple. Mais encore faut-il pouvoir, plus tard, décoder ce qu'on a codé. Elémentaire, mon cher W... Pour cela, il suffit de reprendre la clé de codage et de l'appliquer à la chaîne codée en faisant, cette fois, une soustraction au lieu d'une addition. Le Listing 5.1 présente le script qui résulte de cet algorithme.

1.Nous ne le dirons jamais assez !

Listing 5.1 : *cryptons.htm*

```
<HTML>
<HEAD>
<TITLE>Le petit cryptographe du dimanche</TITLE>
<script language="JavaScript">
var alphabet = "abcdefghijklmnopqrstuvwxyz"
              +"ABCDEFGHIJKLMNOPQRSTUVWXYZ "
              +",.;:?!0123456789àâûéèêôîùüï'()-+\"";
var cle = "automobile";
var resultat = "";
table = new Array(cle.length);

for (i=0; i<cle.length; i++)
 table[i] = parseInt(cle.charAt(i), 36) - 10;

function efface()
{ document.forms[0].converti.value = "";
  document.forms[0].a_convertir.value = "";
  document.forms[0].verif.value = "";
}

function feu()
{ resultat = codage(document.forms[0].a_convertir.value);
  document.forms[0].converti.value = resultat;
  document.forms[0].verif.value = decodage(resultat);
}

function codage(texte)
{ rang = 0;
  var z = "";

  for (i=0; i<texte.length; i++)
  { car = texte.charAt(i);
    k = alphabet.indexOf(car);
    if (k == -1) k = alphabet.indexOf(" ");
    k += tirage();
    if (k >= alphabet.length) k = k - alphabet.length;
    z += alphabet.charAt(k);
  }
  return z;
}
```

```
function decodage(texte)
{ rang=0;
  var z = "";

  for (i=0; i<texte.length; i++)
  { car = texte.charAt(i);
    k = alphabet.indexOf(car) - tirage();
    if (k < 0) k += alphabet.length;
    z += alphabet.charAt(k);
  }
  return z;
}

function tirage()
{ a = table[rang];
  rang = ++rang % table.length;
  return a;
}

</script>
</HEAD>
<BODY>
<FORM>
Tapez votre texte :
<INPUT TYPE="button" NAME="titi" VALUE="Chiffrement"
    onClick="feu()">
<INPUT TYPE="button" NAME="titi" VALUE="Effacement"
    onClick="efface()">
<BR>
<TEXTAREA NAME="a_convertir" WRAP=SOFT ROWS=4 COLS=40>
➥</TEXTAREA>

<P>Résultat :<BR>
<TEXTAREA NAME="converti" WRAP=SOFT ROWS=4 COLS=40>
➥</TEXTAREA>
<P>Vérification :<BR>
<TEXTAREA NAME="verif" WRAP=SOFT ROWS=4 COLS=40></TEXTAREA>
➥</FORM>

</BODY>
</HTML>
```

Les zones d'entrées/sorties sont réalisées par trois conteneurs multilignes de type <TEXTAREA> : le premier est celui dans lequel l'utilisateur va taper son texte, le deuxième recevra le résultat du chiffrement, et le troisième le résultat du décodage, à titre de vérification. Le script contient cinq fonctions : `feu()`, qui est celle qui lance le chiffrement et qui est appelée en cliquant sur le bouton Conversion ; `efface()`, qui efface le précédent contenu des boîtes <TEXTAREA> ; `codage()` et `decodage()`, qui font ce que leur nom suggère ; et, enfin, `tirage()`, dont nous allons expliquer le rôle.

En outre, après la déclaration de quelques variables globales : `alphabet`, `cle`, `resultat`, `rang` et `table`, on trouve une boucle `for` qui constitue un tableau (appelé `table[]`), lequel contient les rangs de chacune des lettres de la clé :

```
for (i=0; i<cle.length; i++)
  table[i] = parseInt(cle.charAt(i), 36) - 10
```

C'est la méthode `parseInt()` que nous allons utiliser. Rappelons qu'elle peut décoder un nombre exprimé dans une base quelconque comprise entre 2 et 36. On retranche 10 pour que la lettre a (qui représente 10 dans les systèmes de numération supérieurs à 10) ait le rang 0. `table[]` va donc contenir les rangs de chacune des lettres de la clé. Nous voyons immédiatement que cela impose une restriction sur le choix de cette clé : elle ne doit comporter que des lettres. Ce n'est absolument pas gênant pour la suite des opérations.

Venons-en maintenant à la fonction `tirage()` :

```
function tirage()
{ a = table[rang]
  rang = ++rang % table.length
  return a
}
```

Plutôt que de dupliquer la clé autant de fois que nécessaire pour avoir une chaîne de même longueur que la phrase à coder, nous allons faire évoluer un indice qui variera de 0 à (longueur de la clé – 1) cycliquement et qui nous donnera ainsi les valeurs de `table[]` contenant la valeur à ajouter au rang de la lettre à coder pour avoir la position de la lettre remplaçante. Remarquons au passage l'utilisation de la préincrémentation précédant le modulo, pour obtenir la valeur qui sera utilisée à l'appel suivant. `rang` est une variable globale initialisée à 0 au début des fonctions `codage()` et `decodage()`.

La fonction de chiffrement elle-même est bien plus simple que l'algorithme original le laisse craindre :

```
function codage(texte)
{ rang = 0
  var z = ""

  for (i=0; i<texte.length; i++)
  { car = texte.charAt(i)
    k = alphabet.indexOf(car)
    if (k == -1) k = alphabet.indexOf(" ")
    k += tirage()
    if (k >= alphabet.length) k = k - alphabet.length
    z += alphabet.charAt(k)
  }
  return z
}
```

La chaîne résultat s'appelle `z` et elle est initialisée "à vide". Ensuite, une boucle `for` va traiter chaque caractère extrait de la phrase à chiffrer par l'appel à la méthode `chartAt()`. Son rang dans l'alphabet est déterminé par la méthode `indexOf()`. S'il ne s'y trouve pas, il sera codé comme si c'était un espace. La valeur ainsi obtenue est ajoutée à celle qui lui correspond dans la clé par l'appel à la fonction `tirage()` que nous venons de voir. On s'assure alors que le résultat n'est pas supérieur à la longueur de l'alphabet. Sinon on fait la correction expliquée plus haut. Il ne reste plus qu'à extraire le caractère dont on vient de calculer le rang et à le concaténer à la valeur précédente de la chaîne `z` qui est renvoyée à l'appelant au sortir de la boucle `for`.

La fonction `decodage()` est encore plus simple puisqu'il n'y a pas à rechercher l'éventualité d'un caractère absent de l'alphabet de codage. Le calcul du rang de la lettre à extraire de l'alphabet fait intervenir une soustraction. Aussi faut-il, en cas de résultat négatif, y *ajouter* la longueur de l'alphabet.

Enfin, la fonction `feu()`, qui sert d'interface utilisateur, travaille directement sur les propriétés `value` des trois boîtes `<TEXTAREA>`, de même que la fonction `efface()`. La Figure 5.1 présente le résultat obtenu avec Netscape. Internet Explorer donne, lui aussi, de bons résultats car ce script ne fait appel qu'à du JavaScript de base.

INFO

La phrase quelque peu surprenante utilisée pour l'exemple est tirée de *La Petite Encyclopédie des motos,* de Jura Porázik, dans la traduction d'Anna Kenízová (Editions PML, 1996).

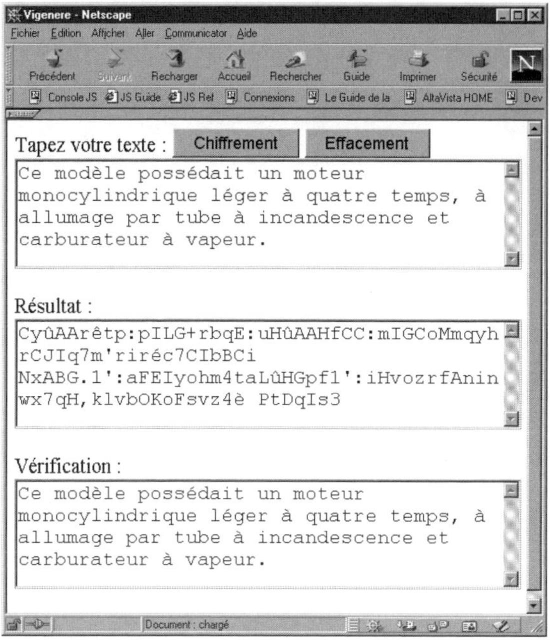

Figure 5.1 : Chiffrement d'une phrase de Jura Porázik. Chiffré ou non, le texte est bien mystérieux !

Chapitre 6

Une carte interactive

Tous les instituteurs ne sont pas restés insensibles aux efforts déployés par le ministère de l'Education nationale pour favoriser l'utilisation de moyens pédagogiques modernes dans les classes élémentaires. C'est ainsi que monsieur Ferdinand Perochon, qui exerce son activité dans une petite localité de la France profonde, a décidé d'utiliser l'informatique pour tenter d'intéresser sa classe à l'étude de la géographie. Voulant rester dans l'actualité, il a centré son travail sur l'Europe et a réalisé une présentation Web qui propose une carte de cette entité politico-économique. Comme c'est un incorrigible optimiste, il a même inclus la Suisse dans son Europe.

En promenant la souris sur cette carte, sans même avoir besoin de cliquer, les chères têtes blondes peuvent voir s'afficher, à côté de la carte, quelques renseignements sur le pays où se trouve le petit rongeur. La Figure 6.1 montre comment se présente cette carte et le Listing 6.1 détaille le contenu du script qui a permis de la réaliser.

Listing 6.1 : *europe.htm*

```
<HTML>
<HEAD>

<TITLE>La carte de l'Europe</TITLE>
<script language="JavaScript">
efface    = new Array("", "", "", "", "");
Irlande   = new Array("Irlande", "3 619 484", "70 282",
            "République", "Dublin");
Angleterre= new Array("Grande Bretagne", "58 970 119",
            ➥"244 119", "Monarch. parlem.", "Londres");
France    = new Array("France", "58 804 944", "551 550",
            "République", "Paris");
Belgique = new Array("Belgique", "10 174 922", "30 513",
            "Monarch. constit.", "Bruxelles");
Espagne   = new Array("Espagne", "37 527 462", "504 750",
            "Monarch. parlem.", "Madrid");
Italie    = new Array("Italie", "56 782 468", "301 320",
            "République", "Rome");
Allemagne= new Array("Allemagne", "82 079 454", "356 910",
            "Rép. fédérale", "Berlin");
Autriche = new Array("Autriche", "8 133 611", "83 850",
            "Rép. fédérale", "Vienne");
Suisse    = new Array("Suisse", "7 260 357", "41 290",
            "Rép. fédérale", "Berne");
Pologne   = new Array("Pologne", "38 606 922", "312 683",
            "République",  "Varsovie");
Norvege   = new Array("Norvege", "4 419 955", "324 219",
            "Monarch. constit.", "Oslo");
Suede     = new Array("Suède", "8 886 738", "449 964",
            "Monarch. constit.", "Stockholm");
//-------------------------------------------------------------
function affiche(pays)
{ with (document.carte)
  { nom.value = pays[0];
    population.value = pays[1];
    superficie.value = pays[2];
    gouvernement.value = pays[3];
    capitale.value = pays[4];
  }
}
```

```
</script>
</HEAD>
<BODY>
<MAP NAME="Europe">
  <AREA COORDS="14,139,39,137,44,148,27,169,1,169,14,139"
   SHAPE="poly" HREF="javascript:void(0)"
   onMouseOver="affiche(Irlande)" onMouseOut="affiche
   ➥(efface)">

  <AREA COORDS="4,106,46,136,47,144,54,162,43,162,31,175,
  ➥44,185,22,191,67,199,76,195,80,178,65,134,75,122,64,
  ➥118,71,108,61,106" SHAPE="poly"
   HREF="javascript:void(0)"
   onMouseOver="affiche(Angleterre)" onMouseOut="affiche
   ➥(efface)">

  <AREA COORDS="23,213,48,206,79,202,95,220,115,230,96,254,
  ➥102,260,99,281,104,285,88,293,77,284,65,293,30,272,42,
  ➥245,23,213" SHAPE="poly" HREF="javascript:void(0)"
   onMouseOver="affiche(France)" onMouseOut="affiche
   ➥(efface)">

  <AREA COORDS="79,202,93,198,104,203,104,214,95,220,79,202"
   SHAPE="poly" HREF="javascript:void(0)"
   onMouseOver="affiche(Belgique)" onMouseOut="affiche
   ➥(efface)">

  <AREA COORDS="65,293,30,272,0,260,0,342,20,338,31,327,29,
  ➥318,65,293" SHAPE="poly" HREF="javascript:void(0)"
   onMouseOver="affiche(Espagne)" onMouseOut="affiche
   ➥(efface)">

  <AREA COORDS="104,203,104,222,105,230,105,245,148,250,
  ➥156,239,147,220,165,212,167,182,133,166,93,198,148,250"
   SHAPE="poly" HREF="javascript:void(0)"
   onMouseOver="affiche(Allemagne)" onMouseOut="affiche
   ➥(efface)">

  <AREA COORDS="105,285,100,267,131,255,155,265,144,276,
  ➥152,300,189,337,165,358,163,354,165,338,124,298,112,
  ➥282,105,285" SHAPE="poly" HREF="javascript:void(0)"
   onMouseOver="affiche(Italie)" onMouseOut="affiche
```

```
   ➥(efface)">

  <AREA COORDS="189,173,166,182,166,212,189,225"
   SHAPE="poly" HREF="javascript:void(0)"
   onMouseOver="affiche(Pologne)" onMouseOut="affiche
   ➥(efface)">

  <AREA COORDS="124,247,100,267,131,255,129,247,101,268,
  ➥99,255"
   SHAPE="poly" HREF="javascript:void(0)"
   onMouseOver="affiche(Suisse)" onMouseOut="affiche
   ➥(efface)">

  <AREA COORDS="189,15,177,27,188,29,131,85,121,126,132,
  ➥132,161,109,166,73,189,38,189,15"
   SHAPE="poly" HREF="javascript:void(0)"
   onMouseOver="affiche(Norvege)" onMouseOut="affiche
   ➥(efface)">

  <AREA COORDS="148,250,156,239,176,236,179,247,164,262,
  ➥153,262,131,255,125,248,148,250"
   SHAPE="poly" HREF="javascript:void(0)"
   onMouseOver="affiche(Autriche)" onMouseOut="affiche
   ➥(efface)">

  <AREA COORDS="189,15,189,38,166,73,161,109,152,126,158,
  ➥168,184,141,189,127,189,38" SHAPE="poly"
  ➥HREF="javascript:void(0)"
   onMouseOver="affiche(Suede)" onMouseOut="affiche
   ➥(efface)">
</MAP>
<TABLE BORDER>
<FORM NAME="carte">
<CAPTION><B>QUELQUES ETATS D'EUROPE</B></CAPTION>
<TR>
<TD><IMG SRC="europe.gif" USEMAP="#Europe"></TD>
<TD><PRE>
 Pays : <INPUT TYPE="text" SIZE="15" NAME="nom" VALUE="">
<P>
 Population : <INPUT TYPE="text" SIZE="15"
 ➥NAME="population" VALUE=""> hab.
<P>
```

```
 Superficie   : <INPUT TYPE="text" SIZE="15"
 ➥NAME="superficie" VALUE=""> km<SUP>2</SUP>
<P>
 Gouvernement : <INPUT TYPE="text" SIZE="15"
 ➥NAME="gouvernement" VALUE="">
<P>
 Capitale     : <INPUT TYPE="text" SIZE="15"
 ➥NAME="capitale" VALUE="">
</TD></TR></TABLE>
</FORM>
</BODY>
</HTML>
```

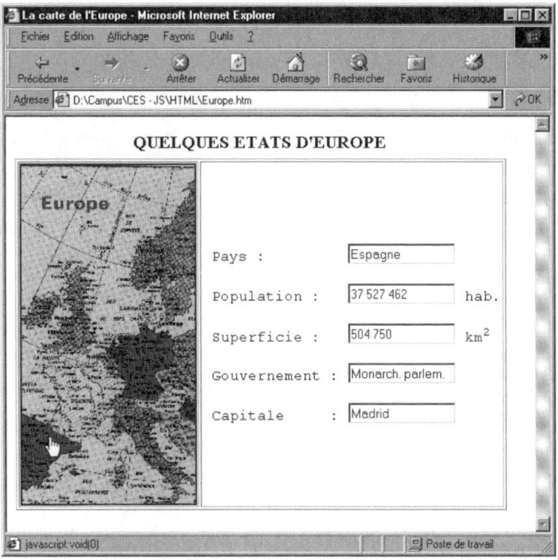

Figure 6.1 : Une carte interactive de l'Europe.

Cette application cartographique illustre l'emploi de plusieurs fonctionnalités de JavaScript :

- le traitement des images réactives *client side* ;
- les gestionnaires d'événement `onMouseOver` et `onMouseOut` ;
- l'opérateur `void()` ;
- la modification d'un document déjà affiché ;
- l'instruction `with`.

En outre, c'est une bonne illustration de l'emploi conjugué d'un conteneur `<TABLE>`, d'un marqueur `<PRE>` et d'un formulaire. Mais, ça, ce n'est "que" HTML, ce n'est plus JavaScript !

Il a fallu commencer par se procurer une carte de l'Europe. Atlas, calendrier de La Poste, dictionnaires... on n'a que l'embarras du choix. Puis on l'a passée au scanner pour en extraire une image au standard GIF. Ensuite, on a découpé l'Europe — du moins quelques-uns des pays qui nous intéressent — en polygones approximatifs dont on a relevé soigneusement les coordonnées. Pour cela, les moyens les plus simples sont encore les meilleurs : MsPaint, qui accompagne gratuitement Windows 98, fait très bien l'affaire. Comme il ne connaît pas le format GIF, chéri du Web, il faut commencer par convertir l'image en format BMP, ce que l'excellent shareware LView Pro réalise très facilement.

En promenant le pointeur de la souris sur les contours d'un pays, ses coordonnées s'affichent dans le bas de la fenêtre à droite. Plus les points relevés seront rapprochés et meilleure sera la précision du contour. Ici, on s'est contenté d'une dizaine de points. Davantage pour l'Italie, dont les côtes ont un découpage plus tourmenté. Ces relevés ont été utilisés dans une série de marqueurs `<AREA>`, à raison d'un pour chaque pays. Ici, nous nous sommes limités à douze. Non pas pour des raisons politiques mais tout simplement parce qu'il nous a semblé que la démonstration serait suffisamment convaincante sans en ajouter d'autres. Précisons en outre que les données géopolitiques utilisées datent de 1998. Chaque marqueur se présente ainsi :

```
<AREA
COORDS="124,247,100,267,131,255,129,247,101,268,99,255"
   SHAPE="poly" HREF="javascript:void(0)"
   onMouseOver="affiche(Suisse)"
   onMouseOut="affiche(efface)">
```

La balise ne reçoit pas de nom car, ici, cela ne servirait à rien. Pour comprendre comment fonctionne ce script, nous allons décomposer `<AREA>` en ses éléments. On trouve :

- un attribut `COORDS` suivi d'une liste de coordonnées (x, y) ;
- un attribut `SHAPE` qui annonce que ces coordonnées définiront un polygone ;
- un attribut `HREF` dans lequel on retrouve l'instruction `void(0)`, instruction qui ne fera rien mais qui est présente ici uniquement pour des raisons de correction syntaxique ;
- deux appels à des gestionnaires d'd'événement, `onMouseOver` et `onMouseOut`.

Le formulaire ne comporte aucun bouton sur lequel cliquer mais uniquement des zones de formulaire de type `text` qui vont nous servir de fenêtres pour afficher quelques informations concernant les pays d'Europe sur lesquels passe le pointeur de la souris. C'est du côté du script que nous allons trouver ces informations. Une suite de douze tableaux portant chacun le nom d'un pays de la liste renferme les renseignements suivants sous forme de chaînes de caractères :

- le nom du pays ;
- le nombre d'habitants ;
- la superficie ;

- la forme de gouvernement.

Ces renseignements se trouvent dans tout bon dictionnaire ou atlas géopolitique. On aurait pu en faire figurer d'autres et le lecteur qui serait tenté d'en rajouter est prié de ne pas s'en priver. Pourquoi ne pas y joindre, par exemple, une photo du chef de gouvernement ?

On trouve ensuite, dans le script, une fonction, `affiche(pays)`, d'une grande simplicité, qui a pour rôle d'afficher les renseignements sur le pays dans les fenêtres de type texte du formulaire. Elle reçoit en argument le nom du pays dont on veut afficher les caractéristiques. Cet appel a été effectué par le gestionnaire d'événement `onMouseOver`, lorsque le pointeur de la souris passe sur le pays : `onMouseOver="affiche(Suisse)`[1], par exemple. Il n'aurait surtout pas fallu écrire `affiche("Suisse")` car, ce qu'on veut transmettre, c'est le nom du tableau (au sens HTML) et non pas celui du pays. La fonction `affiche()` se contente de recopier les cinq éléments du tableau correspondant dans les cases du formulaire :

```
function affiche(pays)
{ with (document.carte)
  { nom.value = pays[0];
    population.value = pays[1];
    superficie.value = pays[2];
    gouvernement.value = pays[3];
    capitale.value = pays[4];
  }
}
```

En réalité, nous avons treize pays et non pas douze, mais le treizième est un peu particulier : c'est le pays `efface` :

```
efface   = new Array("", "", "", "", "", "")
```

1.Non, la Suisse ne fait pas encore partie de l'Europe. Enfin, pas encore...

qui ne contient que des chaînes vides. Vous avez certainement deviné qu'il allait servir à effacer les cases du formulaire lorsque le pointeur de la souris sort des frontières du pays. Il est d'ailleurs sollicité par tous les événements `onMouseOut`.

Tout cela n'est véritablement pas compliqué, mais l'effet produit est grandiose (enfin, n'exagérons pas, disons… amusant).

INFO

Par suite d'un bug d'Internet Explorer, il est absolument indispensable que toutes les coordonnées des points relevés pour chaque pays dans les balises <AREA> soient consécutives sur une même ligne, faute de quoi le comportement du script serait chaotique. Ici, Netscape Navigator marque un point sur son concurrent car il ignore ce problème.

Chapitre 7

Mon facteur sur le Web

Le projet

Cette année, mon facteur a découvert l'Internet et le Web, et il lui est venu à l'idée de créer une page destinée à remplacer le calendrier annuel qu'il propose de porte en porte par un calendrier semi-perpétuel qu'il a modestement intitulé "Calendrier de la décennie" et qui sera valable de 2001 à 2010. Après pas mal "de sueur, de sang et de larmes", il a fini par mettre au point le script reproduit sur le Listing 7.1.

Listing 7.1 : *calendri.htm*

```
<HTML>
<HEAD>
<TITLE>Calendrier (semi) perpétuel</TITLE>
<script language="JavaScript">
joursParMois = new Array
    (31, 28, 31, 30, 31, 30, 31, 31, 30, 31, 30, 31);

semaine = new Array
    ("Dimanche", "Lundi", "Mardi", "Mercredi",
     "Jeudi", "Vendredi", "Samedi");
```

```
// renvoie 0 si année ordinaire, 1, si bissextile
function bissex()
{ an = annee();
  if ((an % 4 == 0) && (an % 100 != 0) ¦¦ (an % 400 == 0))
   return 1;
  else
   return 0;
}

// renvoie une chaîne de 4 caractères représentant l'année
function annee()
{ select = document.CALENDRIER.AN.selectedIndex;
  return document.CALENDRIER.AN.options[select].text;
}

// renvoie le nom du mois
function mois()
{ m = document.CALENDRIER.MOIS.selectedIndex;
  return document.CALENDRIER.MOIS.options[m].text;
}

// renvoie le numéro du jour
function jour()
{ m = document.CALENDRIER.MOIS.selectedIndex;
  j = new Date(annee(), m, 1);
  return (j.getDay());
}

function creer()
{ cal = open("", "ABCD", "height=220,width=450,
  ➥scrollbars=yes");

  Mois = document.CALENDRIER.MOIS.selectedIndex; // n° mois
  ➥à/c 0

//-------------------------------------------------

  cal.document.write("<TABLE BORDER=1>");
  cal.document.write("<CAPTION><B>" + mois() + " " +
  ➥annee() + "</B><\CAPTION>");

  cal.document.write("<TR>");
```

```
  for (i=0; i<7; i++)
   cal.document.write("<TH WIDTH=67>" + semaine[i] + "</TH>");
  cal.document.write("</TR>");

  premier = jour(); // numéro du jour du premier du mois

  for (i=0, debut=1, bascule=false; i<6; i++) // 6 lignes
  ➥au plus
  { cal.document.write("<TR ALIGN=CENTER>");
    for (j=0; j<7; j++)              // toujours 7 colonnes
    { if (i == 0 && j == premier) bascule = true;
      if (bascule) cal.document.write("<TD WIDTH=70>"
                                 + debut++ + "</TD>");
        else cal.document.write("<TD WIDTH=70> 
        ➥</TD>");
      if ((Mois != 1 && debut > joursParMois[Mois]) ¦¦
          (Mois == 1 && debut > joursParMois[Mois] +
           ➥bissex()))
        bascule = false;
    }
    cal.document.write("</TR>");
    if (! bascule) break;
  }
  cal.document.write("</TABLE><P>")
  cal.document.close();
}
</script>
</HEAD>

<BODY>
<DIV ALIGN=CENTER><H1>Petit calendrier de la décennie</H1>
<FORM NAME="CALENDRIER">
Choisissez l'année :
<SELECT NAME="AN" SIZE=5>
<OPTION VALUE=0> 2000
<OPTION VALUE=1 SELECTED> 2001
<OPTION VALUE=2> 2002
<OPTION VALUE=3> 2003
<OPTION VALUE=4> 2004
<OPTION VALUE=5> 2005
<OPTION VALUE=6> 2006
<OPTION VALUE=7> 2007
```

```
<OPTION VALUE=8> 2008
<OPTION VALUE=9> 2009
</SELECT>
et le mois :
<SELECT NAME="MOIS" SIZE=5>
<OPTION VALUE=0> Janvier
<OPTION VALUE=1> Février
<OPTION VALUE=2> Mars
<OPTION VALUE=3> Avril
<OPTION VALUE=4> Mai
<OPTION VALUE=5> Juin
<OPTION VALUE=6 SELECTED> Juillet
<OPTION VALUE=7> Août
<OPTION VALUE=8> Septembre
<OPTION VALUE=9> Octobre
<OPTION VALUE=10> Novembre
<OPTION VALUE=11> Décembre
</SELECT>

<P>
<INPUT TYPE="button" VALUE="Affichez le calendrier"
       onClick="creer()">
</FORM>
</DIV>

</BODY>
</HTML>
```

Le calendrier sera affiché dans une fenêtre séparée sous forme d'un tableau de sept colonnes avec un nombre variable de lignes. La partie du script qui fait le travail est un gros morceau que nous allons patiemment disséquer. La Figure 7.1 montre ce que nous souhaitons obtenir sur l'écran.

Pour faciliter notre tâche, nous allons étudier successivement deux parties différentes : d'abord l'algorithme, puis la programmation du script.

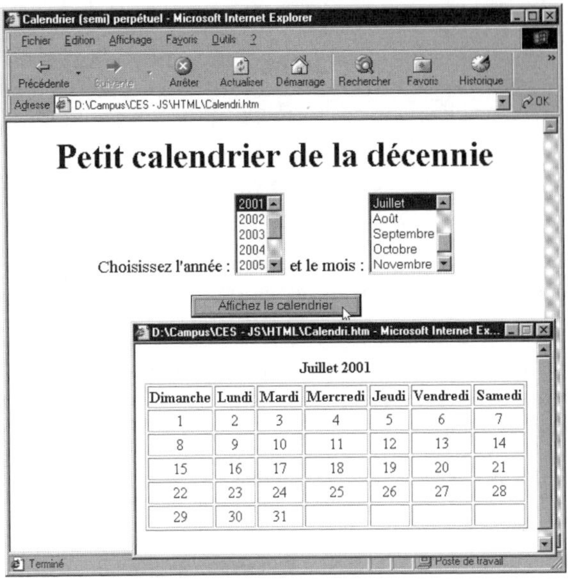

Figure 7.1 : Ce qu'affiche le calendrier semi-perpétuel de mon facteur.

L'algorithme

Le problème le plus épineux à résoudre, dans cet algorithme, ce ne sont pas les années bissextiles ni la mise en page du tableau mais la répartition des quantièmes du mois à l'intérieur de notre tableau à sept colonnes (une par jour, étiquetées de lundi à dimanche). Un mois comporte de vingt-huit à trente et un jours. Il faudra donc de quatre à six lignes pour afficher un mois tout entier.

Nous allons utiliser plusieurs tableaux de valeurs et de chaînes de caractères :

- `semaine`. Tableau renfermant sept chaînes de caractères qui représentent les noms des sept jours de la semaine.
- `joursParMois`. Tableau renfermant douze valeurs représentant le nombre de jours des douze mois, février étant compté pour vingt-huit jours.

Le calcul et l'affichage du calendrier sont effectués par une fonction appelée `creer()` qui ne reçoit pas d'arguments.

Plusieurs fonctions (que nous étudierons dans la section suivante) vont faciliter l'écriture du script. L'une des plus importantes est peut-être `bissex()`, qui renvoie 1 si l'année courante est bissextile, 0 sinon.

Rappelons qu'une année est bissextile si :

- Elle est multiple de 4.
- Ses deux derniers chiffres ne sont pas 00 sauf si elle est divisible par 400. Ainsi, 2000 a été bissextile comme l'avait été 1600, à l'encontre de 1900, qui, elle, ne l'était pas.

```
function bissex()
{ an = annee();  // renvoie l'année courante (chaîne de
  ➥4 car.)
  if ((an % 4 == 0) && (an % 100 != 0) || (an % 400 ==
  ➥0))
   return 1;
  else
   return 0;
}
```

Ce qui nous intéresse, c'est de savoir comment nous allons trouver la colonne du tableau dans laquelle nous devons placer le chiffre 1 représentant le premier jour du mois. Tant qu'une certaine variable booléenne, `bascule`, aura la valeur `false`, nous ne mettrons rien dans la cellule du tableau sauf un espace insécable

( ). A partir de la cellule qui doit recevoir le numéro 1, `bascule` prendra la valeur `true` grâce à l'instruction suivante :

```
if (i == 0 && j == premier) bascule = true;
```

`premier` représente le numéro du jour du 1er du mois (0 = dimanche, 1 = lundi, etc.), `i` est le numéro de la ligne du tableau et `j`, celui de sa colonne.

Le tableau va continuer à être rempli par les chiffres 2, 3... jusqu'à atteindre le nombre de jours du mois, ensuite de quoi `bascule` devra reprendre la valeur `false` :

```
if ((Mois != 1 && debut > joursParMois[Mois]) ||
    (Mois == 1 && debut > joursParMois[Mois] +  bissex()))
        bascule = false;
```

Pour le mois de janvier, le nombre de jours à prendre en compte est toujours 31. Mais, à partir de février, il faut tenir compte de la possibilité d'une année bissextile. D'où deux conditions ET logique réunies par une condition OU logique.

Le reste relève de la programmation toute simple (enfin... presque !)

La programmation du script

Nous distinguerons deux parties :

- La section `<BODY>` du document HTML, qui utilise un formulaire proposant à l'utilisateur un instrument de saisie grâce auquel il choisira l'année et le mois qui l'intéressent dans une liste de valeurs déterminées à l'avance.
- La section `<HEAD>` du document HTML, qui renferme le script proprement dit.

Comme chaque fois qu'on a affaire à un certain nombre de valeurs prédéterminées en dehors desquelles aucun choix n'est permis, nous aurons recours à deux balises `<SELECT>`, l'une de onze chaînes de caractères représentant les années : "2000" à "2009" ; et l'autre de douze chaînes représentant les noms des mois, de "janvier" à "décembre". En dessous, se trouve un bouton servant à demander l'affichage du calendrier dans la fenêtre auxiliaire au moyen de l'événement `onClick` qui appelle la fonction `creer()`.

Le script est intéressant non seulement par la manipulation de l'objet `Date` mais aussi par l'adressage des propriétés des deux balises `<SELECT>`.

Le tableau qui constitue le calendrier d'un mois est composé dynamiquement dans la fenêtre auxiliaire créée par l'instruction :

```
cal = open("", "ABCD",
      "height=220,width=450,scrollbars=yes");
```

On commence par définir quatre fonctions. Nous avons vu précédemment en quoi consistait la fonction `bissex()`, aussi n'y reviendrons-nous pas. Les fonctions `annee()` et `mois()` récupèrent les libellés affichés dans chacune des balises `<SELECT>` au moyen d'instructions comparables :

```
// renvoie une chaîne de 4 caractères représentant l'année
function annee()
{ a = document.CALENDRIER.AN.selectedIndex;
  return document.CALENDRIER.AN.options[a].text;
}

// renvoie le nom du mois
function mois()
{ m = document.CALENDRIER.MOIS.selectedIndex;
  return document.CALENDRIER.MOIS.options[m].text;
}
```

La seule différence consiste dans le nom de la balise `<SELECT>` : `AN` pour l'année et `MOIS` pour le mois. Une première instruction récupère l'indice de la sélection et la suivante pointe sur la chaîne de caractères placée entre la balise initiale et la balise terminale de <SELECT>. La fonction jour() est à peine plus compliquée :

```
// renvoie le numéro du jour
function jour()
{ m = document.CALENDRIER.MOIS.selectedIndex;
  j = new Date(annee(), m, 1);
  return (j.getDay());
}
```

Elle compose un objet Date au moyen de la fonction annee() et de l'indice de la sélection, qui représente précisément le numéro du mois convenant à un objet Date puisque janvier a le numéro 0. Il suffit ensuite de demander le numéro de jour de la semaine du 1er de ce mois par la méthode getDay().

Après avoir affiché en titre le nom du mois et l'année en gras, on crée les commandes HTML qui définissent le tableau d'affichage et, au fur et à mesure, on en garnit les cellules. Nous remarquerons l'instruction de création du conteneur <CAPTION> :

```
cal.document.write("<CAPTION><B>" + mois() + " - " +
annee() + "</B><\CAPTION>");
```

L'affichage de la ligne supérieure renfermant les noms des jours avec un conteneur <TH> est élémentaire. La création du reste du tableau et le remplissage des cellules va s'effectuer par deux boucles for imbriquées, la première sur les lignes (avec le compteur i) ; la seconde sur les colonnes (avec le compteur j) :

```
for (i=0, debut=1, bascule=false; i<6; i++) // 6 lignes au
plus
  { cal.document.write("<TR ALIGN=CENTER>");
    for (j=0; j<7; j++)                  // toujours 7 colonnes
    { if (i == 0 && j == premier) bascule = true;
      if (bascule) cal.document.write("<TD WIDTH=70>"
                                 + debut++ + "</TD>");
        else cal.document.write("<TD WIDTH=70> </TD>");
      if ((Mois != 1 && debut > joursParMois[Mois]) ||
          (Mois == 1 && debut > joursParMois[Mois]  +
          ➥ bissex()))
```

```
            bascule = false;
    }
    cal.document.write("</TR>");
    if (! bascule) break;
  }
```

Pourquoi 6 pour valeur limite de la première boucle ? Parce qu'il faut au plus 6 lignes pour afficher les jours d'un mois entier. Nous avons déjà expliqué le pourquoi de ces tests dans la partie consacrée à l'algorithme.

Un dernier détail : pour que tout nouvel affichage commence dans une fenêtre vierge, l'objet `document` de la fenêtre auxiliaire est fermé après l'écriture de `</TABLE>` :

```
cal.document.write("</TABLE>")
cal.document.close();
```

Il sera automatiquement rouvert dès la première écriture suivante, lorsqu'on voudra afficher un autre calendrier.

INFO

C'est bien `document` qui est fermé et non pas `cal`. Sinon, sitôt écrite, la fenêtre disparaîtrait.

La mise au point

Lorsqu'on génère des commandes HTML, sinon compliquées, du moins assez complexes, on ne tombe pas toujours juste du premier coup. Le mieux est alors d'examiner le code que l'on a généré. Tel quel, il est peu lisible en raison de l'absence de sauts de ligne (`<BR>`) entre les différentes commandes HTML. On peut, au moyen d'un éditeur de texte ordinaire, insérer des sauts de ligne aux bons endroits pour mieux l'analyser. Avec Internet Explorer, il est possible de voir quel est le document HTML généré en cliquant du bouton droit dans la fenêtre auxiliaire puis en sélectionnant la rubrique Afficher la source. Vous verrez alors quelque chose ressemblant à ce que montre la Figure 7.2.

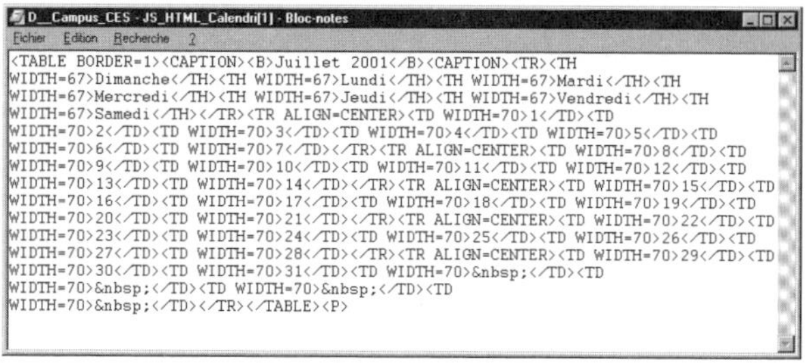


```
<TABLE BORDER=1><CAPTION><B>Juillet 2001</B><CAPTION><TR><TH
WIDTH=67>Dimanche</TH><TH WIDTH=67>Lundi</TH><TH WIDTH=67>Mardi</TH><TH
WIDTH=67>Mercredi</TH><TH WIDTH=67>Jeudi</TH><TH WIDTH=67>Vendredi</TH><TH
WIDTH=67>Samedi</TH></TR><TR ALIGN=CENTER><TD WIDTH=70>1</TD><TD
WIDTH=70>2</TD><TD WIDTH=70>3</TD><TD WIDTH=70>4</TD><TD WIDTH=70>5</TD><TD
WIDTH=70>6</TD><TD WIDTH=70>7</TD></TR><TR ALIGN=CENTER><TD WIDTH=70>8</TD><TD
WIDTH=70>9</TD><TD WIDTH=70>10</TD><TD WIDTH=70>11</TD><TD WIDTH=70>12</TD><TD
WIDTH=70>13</TD><TD WIDTH=70>14</TD></TR><TR ALIGN=CENTER><TD WIDTH=70>15</TD><TD
WIDTH=70>16</TD><TD WIDTH=70>17</TD><TD WIDTH=70>18</TD><TD WIDTH=70>19</TD><TD
WIDTH=70>20</TD><TD WIDTH=70>21</TD></TR><TR ALIGN=CENTER><TD WIDTH=70>22</TD><TD
WIDTH=70>23</TD><TD WIDTH=70>24</TD><TD WIDTH=70>25</TD><TD WIDTH=70>26</TD><TD
WIDTH=70>27</TD><TD WIDTH=70>28</TD></TR><TR ALIGN=CENTER><TD WIDTH=70>29</TD><TD
WIDTH=70>30</TD><TD WIDTH=70>31</TD><TD WIDTH=70> </TD><TD
WIDTH=70> </TD><TD WIDTH=70> </TD><TD
WIDTH=70> </TD></TR></TABLE><P>
```

Figure 7.2 : Document HTML généré par le script pour afficher le calendrier du mois choisi.

Chapitre 8

Le jeu du pendu

Tous les enfants y ont joué. Il faut être deux. L'un choisit un mot de six lettres qu'il garde secret et l'autre propose des lettres, une par une. Lorsqu'une de ces lettres figure dans le mot, son camarade lui indique à quelle(s) place(s) elle intervient. Si la lettre proposée est absente du mot, le joueur va être progressivement accroché à une potence symbolique. D'abord sa tête, puis un bras, puis l'autre, puis le corps, puis une jambe et enfin l'autre. S'il est complètement pendu avant d'avoir trouvé le mot, celui qui cherche a perdu. Les mots sont tirés au hasard.

L'occasion était belle de mettre les frames en pratique. L'écran a été divisé en quatre (voir Figure 8.1). Dans la partie supérieure droite se trouvent vingt-six boutons portant chacun une lettre de l'alphabet et grâce auxquels le joueur pourra indiquer la lettre qu'il a choisie. A sa gauche, la potence est dressée. En dessous de celle-ci sera affiché le score. Enfin, la case inférieure droite comporte six cases vides dans lesquelles viendront prendre place les lettres trouvées.

Le pendu et sa potence sont composés de sept images reproduites à la Figure 8.2 : **b0.gif** pour la potence, **b1.gif** à **b6.gif** pour le pendu à différents stades de son supplice. En outre, l'image

Figure 8.1 : Le décor du pendu est planté.

b7.gif (non reproduite sur cette figure) affiche GAGNE ! en rouge.

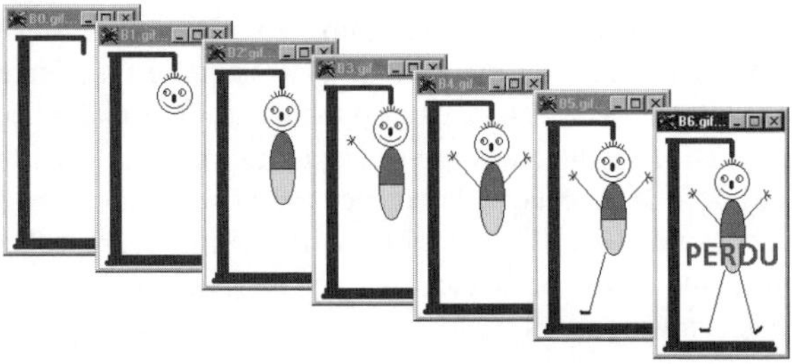

Figure 8.2 : Les sept figures GIF du pendu.

Pourquoi ne pas avoir décomposé l'image du pendu en fragments successifs qui eussent ainsi occupé moins de place ? Tout simplement parce qu'il n'est pas possible de charger une image à une position précise d'un cadre sans faire appel à DHTML, ce qui pose d'ennuyeux problèmes d'incompatibilité entre navigateurs. En revanche, on peut sans difficulté remplacer le contenu d'un cadre en entier. C'est cette solution que nous avons retenue. Le Listing 8.1 montre le contenu du frameset.

Listing 8.1 : *pendu.htm*

```
<HTML>
<HEAD>
<TITLE>Le jeu du pendu</TITLE>
</HEAD>
<FRAMESET COLS="160,*" onLoad="frames[2].initialiser()">
  <FRAMESET ROWS="240, *">
    <FRAME SRC="bonhomme.htm" NAME="bonhomme">
    <FRAME SRC="score.htm" NAME="score ">
  </FRAMESET>
  <FRAMESET ROWS="220,*">
    <FRAME SRC="laius.htm" NAME="laius">
    <FRAME SRC="devine.htm" NAME="devine">
  </FRAMESET>
</FRAMESET>
</BODY>
</HTML>
```

Ce frameset se décompose en deux frames à gauche : **bonhomme.htm** (cadre vide dans lequel sera affiché le pendu) et **parties.htm** (voir Listing 8.2), et de deux autres à droite : **devine.htm** et **laius.htm**.

Listing 8.2 : *parties.htm*

```
<HTML>
<HEAD>
<TITLE>Frame vide</TITLE>
</HEAD>
<BODY TEXT="navy">
```

```
<DIV ALIGN="center">
<FORM NAME="parties">
<H3>Parties gagnées</H3>
<INPUT TYPE="text" VALUE="0" MAXLENGTH=3 SIZE="2">
</FORM>
</DIV>
</BODY>
</HTML>
```

Dans cette application, nous allons faire grand usage des formulaires pour écrire dans nos fenêtres ou proposer des boutons. Ici, c'est un marqueur `<INPUT>` de type `text` et de petite dimension (`SIZE="2"`) qui va recevoir le score. L'affichage se fera avec une couleur bleu marine (*navy*).

Le Listing 8.3 contient la liste des deux cent cinquante mots parmi lesquels on choisira aléatoirement celui qu'il faut deviner. Ils ne sont pas triés car cela n'a aucune importance pour le déroulement du jeu. Le reste du fichier est occupé par le formulaire dont les six cases, là aussi de type `text`, serviront à l'affichage des lettres devinées.

Listing 8.3 : *devine.htm*

```
<HTML>
<HEAD>
<TITLE>Le dialogue</TITLE>
<script language="JavaScript">
mots = new Array ("ACONIT","ABROGE","EPACTE","ALTERE",
                  "ETUVEE","CORSEE","LESANT","CIREUX",
                  "PEUPLE","TURNEP","DEVENU","GOURDE",
                  "BISQUE","PETARD","MACULE","ANERIE",
                  "CARNET","ROQUET","PAYSAN","RAMEUR",
                  "SAFRAN","VAIRON","COSTAL","GELANT",
                  "ULTIMO","SAURIS","TOLIER","ROCHER",
                  "GRENAT","MOISIR","OUBLIE","MINUTE",
                  "LISTEL","PLUMET","BLOCUS","FRAUDE",
                  "BORINE","PANAIS","HOIRIE","INDIUM",
                  "MACULE","EROSIF","SOLIVE","DENOYE",
                  "CHAQUE","GASOIL","PERDUE","CARDON",
```

```
"LETTRE","OCTANE","NANKIN","ABOUTI",
"RELAVE","DERAGE","HACHEE","FINALE",
"FELINE","MAYEUR","MODERE","DIGEST",
"CAVANT","RICINE","DROGUE","ENVINE",
"FRIMAS","CURIUM","FUSAIN","ARCADE",
"INFIXE","VITALE","ABLIER","FROIDE",
"AUPRES","AVEULI","DEDALE","VESSIE",
"ETRIVE","FRACAS","CITANT","CISTRE",
"CONTER","DEBOUT","RADANT","SUISSE",
"TATANT","PRESLE","HACHER","LASSER",
"AMARRE","BRANDI","GUETTE","IDEALS",
"MILORD","DECOTE","BLOTTI","PHENOL",
"OISELE","SUBITE","SOYEUX","ANILLE",
"LOMBES","JONQUE","MUTULE","RATINE",
"DECRIT","CORROI","CROUPI","EPANNE",
"MAGYAR","BRELER","MOUSME","ALLANT",
"TUNNEL","COOPTE","RIPANT","NENIES",
"PLAINE","POULIE","LOBANT","MANEGE",
"CASSER","ENTOLE","SOMMET","RUTILE",
"MOUSSU","UNIEME","WELCHE","VIROLE",
"PRIERE","JODLER","DROMON","PLIANT",
"DOLENT","NOVANT","INEPTE","CERTES",
"LUNCHE","FIENTE","REAGIR","FLACON",
"OMBRER","BOURRU","BUVEUR","EPAULE",
"TIMORE","OPHRYS","OGIVAL","PINGRE",
"OPTANT","OUATER","POCHEE","ZOECIE",
"GANGUE","LYMPHE","FELINE","VITALE",
"ADORER","TROGNE","GRIGNE","CUBANT",
"LINEAL","INFULE","NATION","PILULE",
"MEFAIT","REMOIS","GICLER","ABREGE",
"SAPINE","PLAQUE","VOISIN","GUENON",
"ETIAGE","TRIERE","OCCLUS","MADONE",
"PETASE","COUPEE","EFFROI","TALWEG",
"AVANCE","UTERUS","MOUJIK","BALCON",
"SECOND","PONTET","PAPULE","TONDRE",
"INFIME","DOLENT","PATATA","EFFORT",
"ETRECI","RABBIN","VIDEUR","TISSER",
"DAMIER","FRONDE","TETANT","GALION",
"EPIEUR","STYLET","CABINE","CABANE",
"ENCAGE","LITRES","NARGUE","TURBOT",
"DERAYE","BERLUE","VINEUX","DANOIS",
"CORPUS","BANNIE","LANICE","SPIREE",
```

```
                    "TARTRE","DENUEE","MOUTON","SUTTIE",
                    "OPONCE","BAMBIN","KAISER","RUILER",
                    "SEGALA","PRINCE","MOURRE","LIPOME",
                    "VERSTE","VISION","ASSURE","FADING",
                    "POSANT","BEDANE","PATATI","EPIEUR",
                    "BOCAGE","FEROCE","DECLIN","JAPPER",
                    "AGENDA","ZETETE","ABIMER","BALISE",
                    "DATURA","LIESSE","GASCON","COTICE",
                    "GUIMPE","CABLOT");
</script>
</HEAD>
<BODY BACKGROUND="b1.jpg">
<DIV ALIGN=CENTER>
<H2>Lettres trouvées :</H2>
<FORM NAME="proposition">
<INPUT TYPE="text" MAXLENGTH=3 SIZE="2"
➥VALUE="" NAME="texte1">
<INPUT TYPE="text" MAXLENGTH=3 SIZE="2"
➥VALUE="" NAME="texte2">
<INPUT TYPE="text" MAXLENGTH=3 SIZE="2"
➥VALUE="" NAME="texte3">
<INPUT TYPE="text" MAXLENGTH=3 SIZE="2"
➥VALUE="" NAME="texte4">
<INPUT TYPE="text" MAXLENGTH=3 SIZE="2"
➥VALUE="" NAME="texte5">
<INPUT TYPE="text" MAXLENGTH=3 SIZE="2"
➥VALUE="" NAME="texte6">
</FORM>
</DIV>
</BODY>
</HTML>
```

La logique du jeu — le cerveau, si l'on peut dire — se trouve dans les Listings 8.4 et 8.5. On y trouve d'abord la déclaration de quelques variables, que le commentaire du listing définit sans équivoque, et les quatre fonctions suivantes :

- `initialiser()`. Effacement des six cases d'affichage, affichage de la potence seule, tirage d'un mot au hasard dans le tableau `mots[]`, plus quelques détails qui seront expliqués en temps utile.

- `pendre()`. C'est cette fonction qui va afficher le pendu et qui, lorsque le mot n'aura pas été trouvé, affichera la solution dans une petite fenêtre auxiliaire. Dans ce cas, on bloque le jeu — nous verrons pourquoi — en donnant à la variable booléenne `stop` (initialisée à `false` dans la fonction précédente) la valeur `true`.

- `placer_lettre()`. Ici, on met en place une lettre devinée dans la bonne case d'affichage et, si c'était la dernière, on affiche "GAGNE !".

- `lettre_choisie()`. On regarde si la lettre choisie par le joueur figure dans le mot à deviner. Si ce n'est pas le cas, on procède à une étape de pendaison. Si la lettre est bonne, on appelle la fonction précédente pour toutes les occurrences de la lettre choisie dans le mot.

Listing 8.4 : *laius.htm*

```
<HTML>
<HEAD>
<TITLE>La règle du jeu</TITLE>
<script language="JavaScript">
var stop = false;               // arrête le jeu
var perdu_existe = false;       // fenêtre auxiliaire existe
var parties_gagnees = 0;        // nb de parties gagnées
var mot_choisi = "";            // mot à deviner
var numero_pendu = 0;           // n° image du pendu
var lettres_trouvees = 0;       // nb lettres trouvées

//-------------------------------------------------------------
function pendre()               // affiche le pendu par morceau
{ top.bonhomme.document.images[0].src = "b"  +
  ➥(++numero_pendu) +  ".gif";
  if (numero_pendu > 5)       // le joueur a perdu. Il faut
  { stop = true;              // l'empêcher de continuer
    perdu = open("", "", "height=70,width=180");
    perdu_existe = true;
    perdu.document.write('<BODY TEXT="#FF0000">');
    perdu.document.write("<DIV ALIGN=center>");
```

```
    perdu.document.write("<H4>Le mot choisi était :</H4>");
    perdu.document.write(mot_choisi + "</DIV><BR></BODY>");
    if (parties_gagnees > 0)
     top.score.document.parties.elements[0].value =
                                  --parties_gagnees;
  }
}
//-----------------------------------------------------------
function initialiser()       // initialisations diverses
{ for (i=0; i<6; i++)
   placer_lettre(i, " ");    // effacer les cases
                               ➥d'affichage
  numero_pendu = -1;                 // initialiser numéro
                                        ➥d'image
  pendre();                          //  pour potence seule
  stop = false;                      // on peut jouer
  i = Math.floor(Math.random()*250); // au hasard, on tire
  mot_choisi = parent.devine.mots[i];//  un mot à deviner
  lettres_trouvees = 0;              // on n'a encore rien
                                        ➥trouvé
  if (perdu_existe) perdu.close();   // refermer fenêtre
                                        ➥auxil.
  perdu_existe = false;              // pour la prochaine
                                        ➥partie
//  status = mot_choisi;             // pour mise au point
}
//-----------------------------------------------------------
function placer_lettre(i, ma_lettre) // garnir
                                     // les cases
                                        ➥d'affichage
{ parent.devine.document.proposition.elements[i]
  ➥.value=ma_lettre;
  if (++lettres_trouvees == 6 && ma_lettre != " ")// a-t-on
                                                   ➥fini ?
  { top.bonhomme.document.images[0].src = "b7.gif";
    top.score.document.parties.elements[0].value
                        = ++parties_gagnees;
  }
}
//-----------------------------------------------------------
function lettre_choisie(ma_lettre)   // voir si lettre
                                        ➥choisie OK
```

```
{ if (stop) return;                    // on est déjà pendu !
  if (ma_lettre.indexOf(" ") != -1) ma_lettre =
                  ma_lettre.charAt(1)
  i = mot_choisi.indexOf(ma_lettre); // est-elle dans le
                                        ➥mot ?
  if (i == -1) pendre()                // si non, pendre !
   else
   { placer_lettre(i, ma_lettre);     // si oui, mettre en
                                        ➥place(s)
     for (j=i+1; j<6; j++)
      if (mot_choisi.charAt(j) == ma_lettre)
          placer_lettre(j, ma_lettre);
   }
}
//------------------------------------------------------------
</script>
</HEAD>
<BODY>
<DIV ALIGN=CENTER>
<H1>Le jeu du pendu</H1>
<FORM NAME="LES_LETTRES">
<TABLE>
<TR>
<TD><INPUT TYPE="button" VALUE="A" NAME=""
    onClick='lettre_choisie(this.value)'></TD>
<TD><INPUT TYPE="button" VALUE="B" NAME=""
    onClick='lettre_choisie(this.value)'></TD>
<TD><INPUT TYPE="button" VALUE="C" NAME=""
    onClick='lettre_choisie(this.value)'></TD>
<TD><INPUT TYPE="button" VALUE="D" NAME=""
    onClick='lettre_choisie(this.value)'></TD>
<TD><INPUT TYPE="button" VALUE="E" NAME=""
    onClick='lettre_choisie(this.value)'></TD>
<TD><INPUT TYPE="button" VALUE="F" NAME=""
    onClick='lettre_choisie(this.value)'></TD>
<TD><INPUT TYPE="button" VALUE="G" NAME=""
    onClick='lettre_choisie(this.value)'></TD>
<TD><INPUT TYPE="button" VALUE="H" NAME=""
    onClick='lettre_choisie(this.value)'></TD>
<TD><INPUT TYPE="button" VALUE=" I " NAME=""
    onClick='lettre_choisie(this.value)'></TD>
<TD><INPUT TYPE="button" VALUE=" J " NAME="l"
    onClick='lettre_choisie(this.value)'></TD>
```

```
<TD><INPUT TYPE="button" VALUE="K" NAME=""
    onClick='lettre_choisie(this.value)'></TD>
<TD><INPUT TYPE="button" VALUE=" L" NAME=""
    onClick='lettre_choisie(this.value)'></TD>
<TD><INPUT TYPE="button" VALUE="M" NAME=""
    onClick='lettre_choisie(this.value)'></TD>
</TR>
<TR>
<TD><INPUT TYPE="button" VALUE="N" NAME=""
    onClick='lettre_choisie(this.value)'></TD>
<TD><INPUT TYPE="button" VALUE="O" NAME=""
    onClick='lettre_choisie(this.value)'></TD>
<TD><INPUT TYPE="button" VALUE="P" NAME=""
    onClick='lettre_choisie(this.value)'></TD>
<TD><INPUT TYPE="button" VALUE="Q" NAME=""
    onClick='lettre_choisie(this.value)'></TD>
<TD><INPUT TYPE="button" VALUE="R" NAME=""
    onClick='lettre_choisie(this.value)'></TD>
<TD><INPUT TYPE="button" VALUE="S" NAME=""
    onClick='lettre_choisie(this.value)'></TD>
<TD><INPUT TYPE="button" VALUE="T" NAME=""
    onClick='lettre_choisie(this.value)'></TD>
<TD><INPUT TYPE="button" VALUE="U" NAME=""
    onClick='lettre_choisie(this.value)'></TD>
<TD><INPUT TYPE="button" VALUE="V" NAME=""
    onClick='lettre_choisie(this.value)'></TD>
<TD><INPUT TYPE="button" VALUE="W" NAME=""
    onClick='lettre_choisie(this.value)'></TD>
<TD><INPUT TYPE="button" VALUE="X" NAME=""
    onClick='lettre_choisie(this.value)'></TD>
<TD><INPUT TYPE="button" VALUE="Y" NAME=""
    onClick='lettre_choisie(this.value)'></TD>
<TD><INPUT TYPE="button" VALUE=" Z" NAME=""
    onClick='lettre_choisie(this.value)'></TD>
</TR>
</TABLE>
<P>
<INPUT TYPE="button" VALUE="Commencer une nouvelle partie"
  onClick="initialiser()">
</FORM>
</BODY>
</HTML>
```

Listing 8.5 : *bonhomme.htm*

```
<HTML>
<HEAD>
<TITLE>La fenêtre du pendu</TITLE>

</HEAD>
<BODY>
<IMG SRC="b0.gif">
</BODY>
</HTML>
```

Le reste du fichier est plutôt monotone : vingt-six champs de formulaire de type `button`, chacun portant sur lui le nom de la lettre qu'il représente. Pour certaines lettres étroites on a ajouté un espace afin d'obtenir des boutons de largeurs à peu près égales. La seule différence entre ces champs est le nom affiché sur le bouton. Tous renvoient comme valeur `this.value`, c'est-à-dire la lettre qui donne leur nom.

Le jeu est lancé lorsque le joueur clique sur le large bouton marqué "Commencer une nouvelle partie" qui se trouve dans ce fichier. Il appelle la fonction `initialiser()` où s'effectuent les opérations décrites plus haut avec, en outre, si la partie précédente avait été perdue, la fermeture de la petite fenêtre auxiliaire montrant le mot à deviner. Puis la variable de contrôle `perdu_existe` est remise à `false`.

INFO

Pour la mise au point du jeu, une instruction (normalement mise en commentaire) permet de savoir quel est le mot à deviner, donc de tester le cas gagnant à coup sûr.

Lorsque cette fonction se termine, il ne se passe plus rien tant que le joueur n'a pas cliqué sur l'un des boutons des lettres. Dès ce moment, la fonction `lettre_choisie()` est appelée par le gestionnaire d'événement. La première chose qu'elle fait est de tester la variable booléenne `stop`. Si elle n'existait pas, rien n'empêcherait le joueur de tirer autant de lettres qu'il le voudrait jusqu'à trouver le mot. Il pourrait alors à la fois perdre et gagner. Si `stop` vaut `true`, on sort tout de suite de la fonction sans rien faire. Il faudra cliquer sur le bouton de lancement d'une nouvelle partie pour réinitialiser `stop` à `false`.

On appelle `indexOf()` pour voir si la lettre se trouve au moins une fois dans le mot. Si c'est le cas, la fonction `placer_lettre()` va la mettre en place autant de fois que nécessaire. Si ce n'est pas le cas, on appelle `pendre()`.

C'est cette dernière fonction qui est la plus intéressante. L'instruction :

```
top.bonhomme.document.images[0].src =
"b"  +  (++numero_pendu) +  ".gif";
```

remplace l'image du pendu par la suivante de la série, après avoir incrémenté son numéro d'ordre (`++numero_pendu`). Remarquons la façon dont cette image est désignée. Par rapport au frameset (`top`), c'est la première du tableau `images[]` du `document` situé dans le frame `bonhomme`. Si la pendaison est complète, il faut afficher le mot à deviner. Pour cela, on crée une petite fenêtre auxiliaire dans laquelle on compose dynamiquement un document HTML qui va réaliser cet affichage. On met ensuite à jour l'affichage du score, à condition que celui-ci soit positif ou nul. (Soyons gentil, ne vexons pas inutilement les gens avec un score négatif !) La référence de la case de formulaire à utiliser pour le score est, elle aussi, un bel exemple d'adressage dans un frameset :

```
top.score.document.parties.elements[0].value =
  --parties_gagnees;
```

Chapitre 9

Les recettes de Tante Sido

Après une longue vie passée derrière ses fourneaux à *l'Auberge du Cheval Blanc*, Tante Sidonie (Sido, pour ses intimes) a décidé de prendre une retraite qu'elle estime bien méritée. Mais elle souhaite faire profiter l'humanité souffrante des bonnes recettes qui ont fait sa réputation et, connaissant l'existence de ce moyen de communication qu'on appelle le Web, elle a demandé à son neveu Arthur (qu'elle sait passionné par cette "chose") de lui préparer deux projets d'une présentation de ses recettes sur le Web. Tante Sido a toujours été minutieuse, voire tatillonne et, l'âge venant, cette "qualité" n'a fait qu'empirer. Elle veut donc contrôler de très près le travail de son neveu et ne manquera pas de surveiller attentivement la mise en page.

Première maquette

Le premier projet qui lui est soumis est assez simple, et la Figure 9.1 montre ce qu'il affiche. Dans la page initiale, après une brève invite, on voit, bien alignés, les titres de quelques recettes. Dès qu'on promène le pointeur de la souris sur ces recettes, un résumé s'affiche dans la barre d'état. Si on clique, la recette s'affiche dans une fenêtre auxiliaire (voir Figure 9.1). Arthur a choisi une organisation en frames explicitée au Listing 9.1. Au Listing 9.2, on peut voir le détail de la page Web principale, `sido1.htm`. La valeur de l'attribut `SRC` des deux derniers frames (`about:blank`) permet d'éviter tout diagnostic tout en s'assurant que les frames vides seront bien effacés.

Listing 9.1 : *sido.htm*

```
<html>
<head>
<title>Les recettes de Tante Sido</title>
</head>
<frameset rows="210,45,*">
   <frame src="sido1.htm" scrolling="no" noresize>
   <frame src="about:blank" name="description"
scrolling="no" noresize>
   <frame src="about:blank" name="recette">
</frameset>
</html>
```

INFO

Les recettes sont authentiques. Vous pouvez les essayer. Pour le prix d'un livre d'informatique, vous avez en plus des recettes de cuisine. Et des bonnes !

Listing 9.2 : *sido1.htm*

```
<HTML>
<HEAD>
<TITLE>Recettes de Tante Sido</TITLE>
<script language="JavaScript">

function recette (texte)
{ parent.recette.location.href = texte+".htm";
}
```

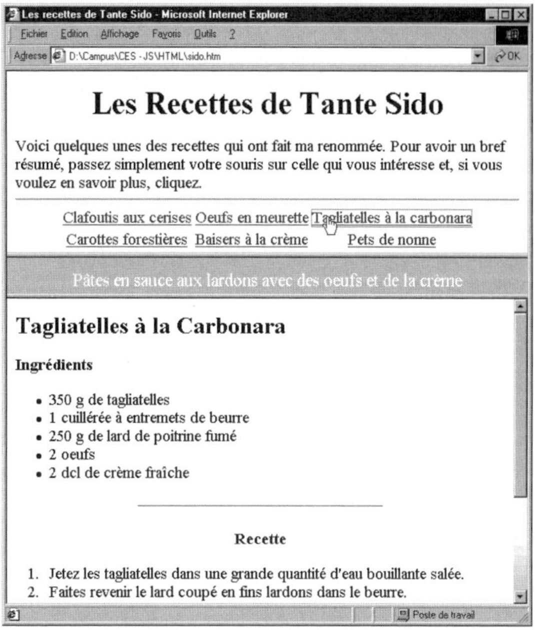

Figure 9.1 : Première maquette présentée à Tante Sido.

```
function expliquer(texte)
{ parent.description.document.close();
  parent.description.document.write("<FONT SIZE=4
  ➥COLOR=white>");
  parent.description.document.bgColor = 0XAAAAAA;
  parent.description.document.write("<CENTER>"+texte+"
  ➥</CENTER>");
  parent.description.document.write("</FONT");
}
</script>
</HEAD>

<BODY>
<DIV ALIGN=center>
<H1>Les Recettes de Tante Sido</H1>
```

```
</DIV>
Voici quelques-unes des recettes qui ont fait ma renommée.
Pour avoir un bref résumé, passez simplement votre
souris sur celle qui vous intéresse et, si vous voulez en
savoir plus, cliquez.
<HR>

<TABLE ALIGN="center">
<TR><TD  ALIGN="center">
<A HREF="clafouti.htm" target="recette"
   onMouseOver="expliquer('Gâteau aux cerises avec une
   ➥crème pâtissière')">
   Clafoutis aux cerises</A>
</TD>
<TD ALIGN="center">
<A HREF="meurette.htm" target="recette"
   onMouseOver="expliquer('Oeufs mollets dans une sauce au
   ➥vin avec des lardons')">
   Oeufs en meurette</A>
</TD>
<TD ALIGN="center">
<A HREF="carbona.htm" target="recette"
   onMouseOver="expliquer('Pâtes en sauce aux lardons avec
   ➥des oeufs et de la crème')">
   Tagliatelles à la carbonara</A>
</TD>
</TR>
<TD ALIGN="center">
<A HREF="carottes.htm" target="recette"
   onMouseOver="expliquer('Carottes nouvelles revenues avec
   ➥des champignons')">
   Carottes forestières</A>
</TD>
<TD ALIGN="center">
<A HREF="baisers.htm" target="recette"
   onMouseOver="expliquer('Meringues nappées avec une crème
   ➥anglaise')">
   Baisers à la crème</A>
</TD>
<TD ALIGN="center">
<A HREF="nonnes.htm" target="recette"
   onMouseOver="expliquer('Cuillerées de pâte à choux
```

```
   ➥frites à servir poudrées de sucre glace.')">
   Pets de nonne</A>
</TD>
</TR>
</TABLE>

</BODY>
</HTML>
```

La réalisation de l'affichage dans le frame central à partir d'un conteneur <A> est obtenue grâce à l'utilisation dans le champ HREF de l'attribut TARGET :

```
<A HREF="clafouti.htm" target="recette"
   onMouseOver="expliquer('Gâteau aux cerises avec une
   ➥crème pâtissière')">
   Clafoutis aux cerises</A>
```

Lorsque le pointeur de la souris passera sur l'appel de lien (affiché en bleu et souligné), l'événement onMouseOver va déclencher l'exécution de cette instruction :

```
expliquer('Gâteau aux cerises avec une crème pâtissière');
```

L'appel de la fonction JavaScript expliquer() commence par refermer le document de le frame centrale, ce qui a pour effet d'effacer son précédent contenu. Si on ne prenait pas cette précaution, les textes sur lesquels passerait le pointeur de la souris s'afficheraient au bout les uns des autres. On trouve ensuite deux instructions ayant pour but de demander un affichage dans une police un peu plus grosse que la police normale et de colorer l'arrière-plan en un gris léger. Puis le texte passé en argument est écrit en gras dans le frame et on referme la balise <FONT>.

```
function expliquer(texte)
{ parent.description.document.close();
  parent.description.document.write("<FONT SIZE=4
  ➥COLOR=white>");
  parent.description.document.bgColor = 0XAAAAAA;
  parent.description.document.write("<CENTER>"+texte+"
```

```
   ➥</CENTER>");
   parent.description.document.write("</FONT");
}
```

L'affichage de la recette est déclenché par un clic de l'utilisateur. La fonction `recette()` modifie la propriété `href` de l'objet `location` du frame central (`parent.recette`) en y écrivant l'URL du document HTML contenant la recette à afficher :

```
function recette (texte)
{ parent.recette.location.href = texte+".htm";
}
```

Seconde maquette

Tante Sido n'est pas mécontente, mais elle veut se donner le plaisir de pouvoir choisir. Le bon neveu Arthur propose alors une autre solution avec deux frames, verticaux cette fois, dont le Listing 9.3 indique l'organisation. La page principale, `sido2.htm`, est reproduite au Listing 9.4 et le résultat est affiché à la Figure 9.2. Elle réutilise les recettes précédentes, mais l'affichage dans le frame central destiné à expliquer le nom de la recette est ici remplacé par une écriture dans la barre d'état de la fenêtre du navigateur commandé par le passage de la souris sur le lien affichant la recette :

```
onMouseOver="expliquer('Cuillerées de pâte à choux frites à
➥servir poudrées de sucre glace.'); return true"
```

Bien entendu, la fonction `expliquer()` n'est plus la même. Elle est très simplifiée :

```
function expliquer(texte)
{ status = texte;
}
```

Listing 9.3 : *sidonie.htm*

```
<HTML>
<HEAD>
```

```
<TITLE>Les recettes de Tante Sido - Seconde version</TITLE>
</HEAD>
<FRAMESET COLS="200, *">
  <FRAME SRC="sido2.htm">
  <FRAME SRC="about:blank" NAME="sido">
</FRAMESET>
</HTML>
```

Listing 9.4 : *sido2.htm*

```
<HTML>
<HEAD>
<TITLE>Liste des recettes</TITLE>
<script language="JavaScript">
function expliquer(texte)
{ status = texte;
}
</script>
</HEAD>
<BODY BGCOLOR="beige">
<DIV ALIGN=CENTER>
<H4>Liste des recettes</H4>
<HR WIDTH=40%>
</DIV>
<UL>
<LI><A HREF="clafouti.htm" TARGET="sido"
    onMouseOver="expliquer('Gâteau aux cerises avec une
    ➥crème pâtissière'); return true")>Clafoutis aux
    ➥cerises</A>
<LI><A HREF="meurette.htm" TARGET="sido"
    onMouseOver="expliquer('Oeufs mollets dans une sauce au
    ➥vin avec des lardons'); return true")>Oeufs en
    ➥meurette</A>
<LI><A HREF="carbona.htm" TARGET="sido"
    onMouseOver="expliquer('Pâtes  en sauce aux lardons
    ➥avec des oeufs et de la crème'); return true")>
    ➥Tagliatelles à la carbonara</A>
<LI><A HREF="carottes.htm" TARGET="sido"
    onMouseOver="expliquer('Carottes nouvelles revenues
    ➥avec des champignons'); return true")>Carottes
    ➥forestières</A>
<LI><A HREF="baisers.htm" TARGET="sido"
```

```
    onMouseOver="expliquer('Meringues nappées avec une
    ➥crème anglaise'); return true")>Baisers à la crème
    ➥</A>
<LI><A HREF="nonnes.htm" TARGET="sido"
    onMouseOver="expliquer('Cuillerées de pâte à choux
    ➥frites à servir poudrées de sucre glace.');
     return true")>Pets de nonne</A>
</UL>
</BODY>
</HTML>
```

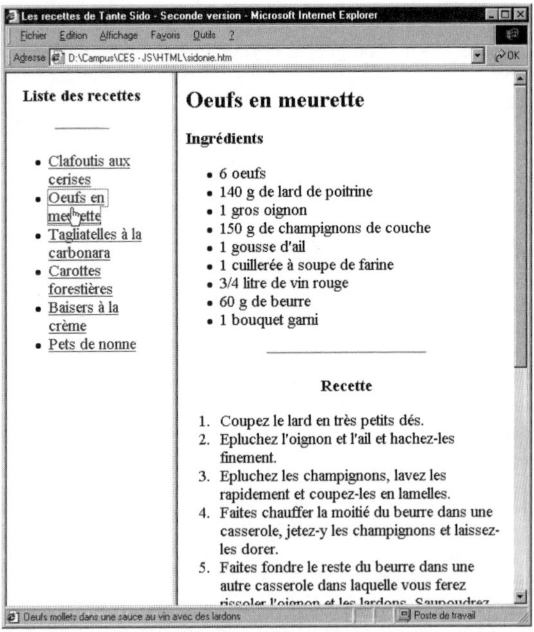

Figure 9.2 : Seconde maquette des recettes de Tante Sido.

INFO

Bon appétit !

Chapitre 10

Le pointeur couronné

Points principaux

DHTML, `eval()`, événements de souris, reconnaissance du navigateur, `cos()`, `sin()`, `onLoad`, `switch()`.

Il s'agit d'entourer le pointeur de la souris d'une couronne de quatre petites étoiles en mouvement qui l'accompagnent dans ses déplacements. Le Listing 10.1 présente le script qui réalise cette prouesse (?), et la Figure 10.1 montre un instantané de ce petit ballet.

Listing 10.1 : *couronna.htm*

```
<HTML>
<HEAD>
<TITLE>Pointeur couronné</TITLE>
<SCRIPT LANGUAGE="JavaScript">
// Initialisations
var delta_T = .1;
var K1 = .7;
var K2 = .5;
var T = 0;
```

```
var delta_X = 0;
var delta_Y = 0;
X = new Array(4);
Y = new Array(4);
var rayon = 30;
navigateur = "";

if ( navigator.appName.indexOf("Microsoft") != -1)
➥navigateur =  "Microsoft";
else if (navigator.appName.indexOf("Netscape") != -1)
➥navigateur = "Netscape";

switch (navigateur)
{ case "Netscape"  : document.captureEvents
                     ➥(Event.MOUSEMOVE);
                     document.onMouseMove = handler;
                     attente = 5;
                     break;
  case "Microsoft" : document.onmousemove= capturer;
                     attente = 12;
}

/****************************************************/

function handler(e)    // Netscape
{ if (e.x > rayon) delta_X = e.x - rayon;
  if (e.y > rayon) delta_Y = e.y - rayon;

  window.defaultStatus = delta_X + ",  " + delta_Y;
  return false;
}

function capturer()    // Microsoft
{ if (event.x > rayon) delta_X = event.x - rayon;
  if (event.y > rayon) delta_Y = event.y - rayon;

  window.defaultStatus = delta_X + ",  " + delta_Y;
  return false;
}

function tourne()
{ Y[0] = rayon * (1 + Math.sin(T));
```

```
  X[0] = rayon * (1 + Math.cos(T));
  Y[1] = rayon * (1 + Math.sin(-2*T)* K1);
  X[1] = rayon * (1 + Math.cos(-2*T)* K1);
  Y[2] = rayon * (1 + Math.sin(3*T)* K2);
  X[2] = rayon * (1 + Math.cos(3*T)* K2);
  Y[3] = rayon * (1 + Math.sin(-T));
  X[3] = rayon * (1 + Math.cos(-T));

  T += delta_T;

  if (navigateur == "Netscape")
  { for (var i=0; i<4; i++)
    { document.layers[i].left = X[i] +  delta_X;
      document.layers[i].top  = Y[i] +  delta_Y;
    }
  }
  else           // Microsoft
  { for (var i=0; i<4; i++)
    { eval("document.all.div" + i + ".style.posLeft = X[i]
      ➥+  delta_X");
      eval("document.all.div" + i + ".style.posTop  = Y[i]
      ➥+  delta_Y");
    }
  }

  setTimeout("tourne()", attente);
}
</SCRIPT>
</HEAD>

<BODY onLoad=tourne()>
<DIV ID="div0" style="position:absolute; WIDTH:7; HEIGHT:7;
➥LEFT:100; TOP:50;">
<LAYER WIDTH="7" HEIGHT="7" LEFT="0" TOP="0"
➥VISIBILITY="show">
<IMG SRC="etoile.gif">
</LAYER>
</DIV>

<DIV ID="div1" style="position:absolute; WIDTH:7; HEIGHT:7;
➥LEFT:200; TOP:150;">
<LAYER WIDTH="7" HEIGHT="7" LEFT="0" TOP="0"
```

```
➥VISIBILITY="show">
<IMG SRC="etoile.gif">
</LAYER>
</DIV>

<DIV ID="div2" style="position:absolute; WIDTH:7; HEIGHT:7;
➥LEFT:200; TOP:150;">
<LAYER WIDTH="7" HEIGHT="7" LEFT="0" TOP="0"
➥VISIBILITY="show">
<IMG SRC="etoile.gif">
</LAYER>
</DIV>

<DIV ID="div3" style="position:absolute; WIDTH:7; HEIGHT:7;
➥LEFT:200; TOP:150;">
<LAYER WIDTH="7" HEIGHT="7" LEFT="0" TOP="0"
➥VISIBILITY="show">
<IMG SRC="etoile.gif">
</LAYER>
</DIV>

</BODY>
</HTML>
```

Le corps du document HTML contient quatre layers identiques placés chacun dans une balise `<DIV> ... </DIV>` :

```
<DIV ID="div0" style="position:absolute; WIDTH:7;
      ➥HEIGHT:7; LEFT:100; TOP:50;">
<LAYER WIDTH="7" HEIGHT="7" LEFT="0" TOP="0"
      ➥VISIBILITY="show">
<IMG SRC="etoile.gif">
</LAYER>
</DIV>
```

Chacun d'eux renferme une étoile rouge de petite dimension, `etoile.gif`. Leur réunion va constituer les satellites. Après avoir reconnu le navigateur (Internet Explorer ou Netscape Navigator), on initialise les gestionnaires d'événement ainsi qu'un paramètre, `attente`, qui va définir l'intervalle d'une minu-

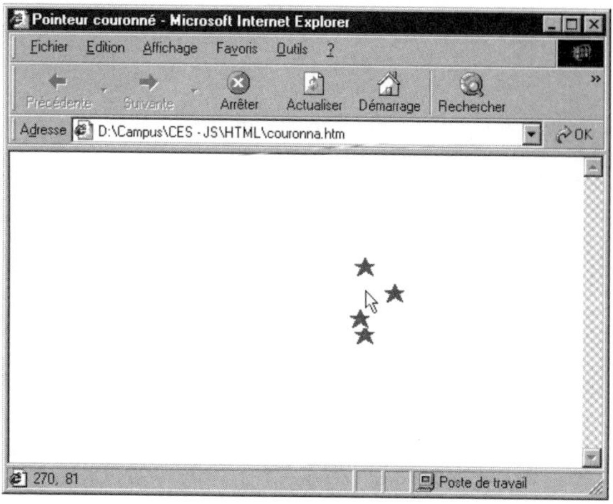

Figure 10.1 : Quatre étoiles mènent une petite danse autour du pointeur de la souris.

terie en tenant compte de la plus grande rapidité de l'interpréteur JavaScript de Microsoft :

```
switch (navigateur)
{ case "Netscape"  :
   document.captureEvents (Event.MOUSEMOVE);
   document.onMouseMove = handler;
   attente = 5;
   break;
  case "Microsoft" : document.onmousemove= capturer;
   attente = 12;
}
```

On définit ensuite les deux gestionnaires chargés de capturer les événements `onMouseMove` et de les traiter :

```
function handler(e)     // Netscape
{ if (e.x > rayon) delta_X = e.x - rayon;
  if (e.y > rayon) delta_Y = e.y - rayon;
```

```
  window.defaultStatus = delta_X + ",  " + delta_Y;
  return false;
}

function capturer()    // Microsoft
{ if (event.x > rayon) delta_X = event.x - rayon;
  if (event.y > rayon) delta_Y = event.y - rayon;

  window.defaultStatus = delta_X + ",  " + delta_Y;
  return false;
}
```

Comme on le voit, ils font tous deux la même chose : calculer les valeurs de `delta_X` et `delta_Y` à condition que la position actuelle du pointeur de la souris ne soit pas située trop près du bord de la fenêtre du navigateur. Seule les distingue la façon d'adresser les coordonnées du pointeur. `rayon` est le rayon de la circonférence qui va définir la plus extérieure des orbites des satellites du pointeur. Ensuite, on affiche les coordonnées du pointeur dans la barre d'état du navigateur.

Pour que les orbites soient centrées sur le pointeur, on soustrait la valeur de ce rayon des coordonnées acquises. Il ne reste plus qu'à définir les équations du mouvement des quatre satellites. Pour simplifier, ces orbites seront circulaires. Deux d'entre elles auront le même diamètre, mais seront parcourues en sens inverse et les deux autres auront un rayon plus petit, déterminé par les coefficients `K1` et `K2`, fixés empiriquement. A titre d'exemple, voici les deux équations qui définissent à un instant `t` donné les coordonnées de l'un des satellites :

```
Y[0] = rayon * (1 + Math.sin(T));
X[0] = rayon * (1 + Math.cos(T));
```

On définit en outre une minuterie de période `attente` pour calculer une nouvelle position :

```
setTimeout("tourne()", attente);
```

qui se trouve elle-même dans la fonction `tourne()`. C'est dans cette fonction qu'on calcule les quatre couples de coordonnées puis qu'on déplace les satellites à partir de ces valeurs par quatre couples d'instructions de ce type :

```
if (navigateur == "Netscape")
  { for (var i=0; i<4; i++)
    { document.layers[i].left = X[i] +  delta_X;
      document.layers[i].top  = Y[i] +  delta_Y;
    }
  }
  else           // Microsoft
  { for (var i=0; i<4; i++)
    { eval("document.all.div" + i + ".style.posLeft
      ➥ = X[i] +  delta_X");
      eval("document.all.div" + i + ".style.posTop
      ➥ = Y[i] +  delta_Y");
    }
  }
```

Si ce qui concerne Netscape Navigator coule de source, il n'en est pas de même pour Internet Explorer, où nous voyons poindre la fonction `eval()`, généralement mal connue. Elle permet de résoudre le problème qui consiste à adresser plusieurs variables de la forme `div0`, `div1`... qu'il ne faut pas confondre avec les variables indicées que seraient (si c'était possible) : `div[0]`, `div[1]`...). Autrement dit, il faut modifier les instructions elles-mêmes. En écrivant :

```
eval("document.all.div" + i + ".style.posLeft
➥ = X[i] +  delta_X");
```

on force l'évaluation préalable du contenu des parenthèses. Si, par exemple, à ce moment, `i` vaut 2, cette évaluation résultera en la chaîne de caractères :

```
"document.all.div2.style.posLeft = X[i] +  delta_X"
```

qui est une instruction parfaitement formée qu'il est donc possible d'exécuter, ce que va faire `eval()`. Il ne reste plus qu'à ajuster expérimentalement les différentes constantes pour que le mouvement soit suffisamment rapide tout en restant harmonieux. La Figure10.1 nous a montré (malheureusement de façon statique) ce qu'on obtient.

INFO

Rappelons que, pour Internet Explorer, le layer placé dans la balise `<DIV> ... </DIV>` sera ignoré en tant que balise puisque celle-ci n'est pas reconnue par ce navigateur. Mais ce qu'elle contient, qui est une balise (`<IMG>`) est parfaitement licite pour tous les navigateurs.

Chapitre 11

La culture de la tomate cerise

De ses parents, qui entretenaient une certaine passion pour tout ce qui touche aux mystères, à l'alchimie, à l'étrange, voire au surnaturel, Romuald a hérité un goût prononcé pour intriguer les visiteurs de ses sites Web par des titres surprenants. Le dernier dont il a eu l'idée, consacré à la culture de la tomate cerise, affiche les lettres dont il se compose dans un ordre aléatoire et, comme la police de caractères utilisée par défaut par les navigateurs est une police proportionnelle où l'espace est variable selon la lettre choisie, il en résulte un effet d'accordéon assez réussi. Le Listing 11.1 présente le début du contenu de la page d'accueil qu'il a réalisée. Les Figures 11.1 et 11.2 vous montrent l'affichage à son deuxième stade puis à son stade final.

Listing 11.1 : *tomaceri.htm*

```
<HTML>
<HEAD>
<TITLE>La cerise sur... la tomate</TITLE>
```

```
<SCRIPT LANGUAGE="JavaScript">
var titre = "La culture de la tomate cerise";
var z = " ";
var chaine = "";
var nombre = titre.length;
var n = nombre;

function afficher()
{ for (i=0; i<nombre; i++)
  { chaine += "%";
    z += " ";
  }
  allezy();
}

function allezy()
{ if (n-- == 0) return;

  do
  { p = Math.floor(Math.random()*nombre);
  } while (chaine.charAt(p) != "%")

  z = z.substring(0, p) +  titre.charAt(p)
      + z.substring(p+1, nombre);
  chaine = chaine.substring(0, p) +  "X"
      + chaine.substring(p+1, nombre);

  if (netscape)
  { objet.document.write("<H1>"+z+"</H1>");
    objet.document.close()
  }
  else
  { objet.innerHTML = "<H1>"+z+"</H1>";
  }
  setTimeout("allezy()", 50);
}
</SCRIPT>
</HEAD>

<BODY onLoad=afficher()>
<LAYER LEFT=10 TOP=10 POSITION=ABSOLUTE VISIBILITY="show">
  <DIV ID="divi">
```

```
    <H3></H3>
  </DIVI>
</LAYER>
<SCRIPT LANGUAGE="JavaScript">
if (navigator.appName.indexOf("Netscape") != -1)
{ netscape = true;
  objet = document.layers[0];
}
else
{ netscape = false;
  objet = document.all['divi'];
}
</SCRIPT>
</BODY>
</HTML>
```

Figure 11.1 : Le deuxième stade de l'affichage.

Figure 11.2 : L'affichage à son stade final.

L'algorithme de ce script utilise deux chaînes de caractères auxiliaires de même longueur que celle qui contient le titre à afficher, `titre`. La première, `z`, contiendra initialement des espaces et sera garnie petit à petit avec les caractères du titre. La seconde, `chaine`, sera initialement garnie avec des "%". (On aurait pu utiliser n'importe quel caractère, mais Romuald a un faible pour le graphisme tourmenté de celui-ci.) Ce caractère servira à marquer les positions de `z` déjà garnies en remplaçant le "%" par un "X" dans la même position. Dans une boucle `do... while`, on va tirer un nombre aléatoire entier `p` compris entre 0 et `nombre`, la longueur de `titre` :

```
do
  { p = Math.floor(Math.random()*nombre);
  } while (chaine.charAt(p) != "%")
```

Si le caractère de `chaine` qui est en position `p` vaut toujours "%", c'est que cette position n'a pas encore été utilisée. Sinon il faut tirer une autre valeur pour `p`. On finira fatalement par obtenir une "bonne" valeur pointant sur un emplacement non encore utilisé.

Le nombre de positions ainsi remplies est décompté au moyen d'une variable auxiliaire, `n`, dont la valeur initiale est égale au nombre de caractères de `titre`. Lorsque `n` vaudra 0, on saura que toutes les positions de `z` auront été utilisées.

Un premier test va reconnaître le navigateur utilisé par le visiteur et initialiser deux variables :

- `netscape`. Variable logique qui indiquera le type du navigateur.
- `objet`. Variable représentant l'objet à afficher. Elle sera égale, selon le cas, à `document.layers[0]` ou à `document.all['divi']`. En toute rigueur cette variable n'est pas indispensable. C'est une coquetterie syntaxique qui permet simplement de raccourcir l'écriture des instructions.

La fonction `afficher()` est appelée par l'événement `onLoad` de la balise `<BODY>`. C'est elle qui initialise les chaînes de caractères `z` et `chaine`. Elle appelle ensuite la fonction `allezy()`, qui va faire tout le travail. Après avoir tiré une valeur de `p` pointant sur un emplacement de `z` encore libre, on insère le caractère de `titre` situé à cette position dans `z` et on remplace le "%" de `chaine` par un "X" :

```
z = z.substring(0, p) +  titre.charAt(p)
      ➥ + z.substring(p+1, nombre);
chaine = chaine.substring(0, p) +  "X"
      ➥ + chaine.substring(p+1, nombre);
```

Ensuite, on place la chaîne `z` dans une balise `<H1>` et on affiche le tout d'une façon qui dépend du type de navigateur utilisé :

```
if (netscape)
{ objet.document.write("<H1>"+z+"</H1>");
  objet.document.close()
}
else
{ objet.innerHTML = "<H1>"+z+"</H1>";
}
```

Il ne reste plus qu'à lancer un appel à `setTimeout()`, qui rappellera la fonction `allezy()` au bout de 50 millisecondes. Ce mécanisme prendra fin lorsque le nombre de positions libres de `z` sera égal à zéro :

```
if (n-- == 0) return;
```

Chapitre 12

Le petit jardinier du dimanche

Mathurin souhaite faire partager sa passion du jardinage. Pour cela, il a conçu un petit site Web qu'il veut rendre le plus attractif possible. Dans ce but, il a imaginé une présentation dynamique qui va faire apparaître à l'ouverture de la page quatre titres successifs ou, plus exactement, un titre décomposé en quatre sous-titres qui sembleront surgir du néant, grossiront, laisseront un temps suffisant pour qu'on puisse les lire et céderont la place au suivant. Le dernier restera présent sur l'écran. Les Figures 12.1 et 12.2 présentent, la première, un instantané pris au cours de cet affichage progressif, la seconde, ce qui reste affiché à la fin.

Le script qu'il a écrit, `jardinier.htm` (voir Listing 12.1), fait appel à DHTML. Comme il le sait, les approches de Netscape et de Microsoft étant radicalement différentes, il doit prévoir des séquences JavaScript différentes (avec les structures `if ... else`, ce sera facile). Mais, pour la partie HTML, l'absence d'exécution conditionnelle des balises pose problème. `<LAYER>` ou `<DIV>` ? *that is the question*. Une approche brutale consisterait à générer dynamiquement le document HTML convenant à Netscape Navigator ou à Internet Explorer ou

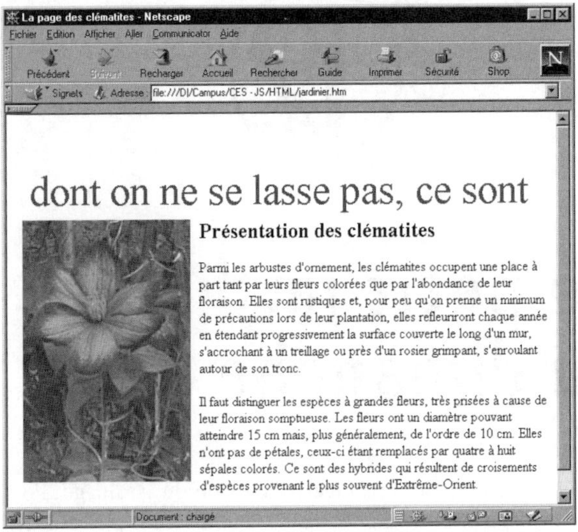

Figure 12.1 : La deuxième suite de mots du titre surgissant.

encore à écrire deux versions de chaque page. Ce serait plutôt lourd et, lors des mises à jour, long et fastidieux. Mathurin repousse donc cette approche.

Pourquoi ne pas exploiter la faculté des navigateurs d'ignorer les balises qu'ils ne reconnaissent pas sans en être autrement perturbés ? Si Netscape Navigator exploite sans difficulté la balise `<LAYER>`, Internet Explorer l'ignorera spontanément sans autre forme de procès.

Listing 12.1 : *jardinier.htm*

```
<HTML>
<HEAD>
<TITLE>La page des clématites</TITLE>
<SCRIPT LANGUAGE="JavaScript">
message = new Array ("On les voit dans beaucoup de
```

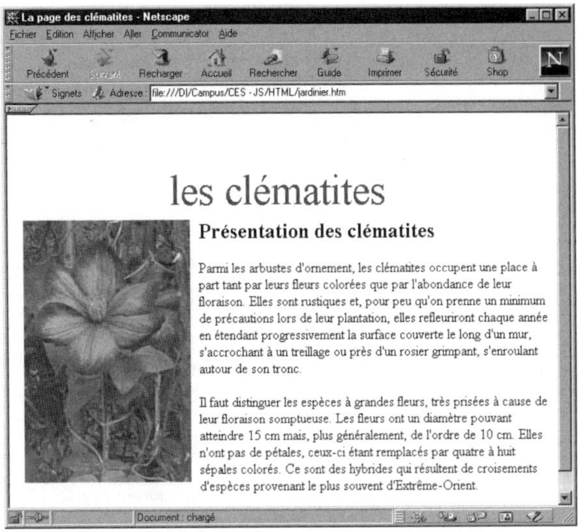

Figure 12.2 : Le titre final affiché en permanence.

```
                   ➥jardins.",
                   "Ces beaux arbustes d'ornement",
                   "dont on ne se lasse pas, ce sont",
                   "les clématites");

sous_titres = message.length; // nombre de sous-titres
var taille;                   // taille des caractères
                                 ➥(1 à 7)
attente = 100;                // délai entre chaque taille
var n = -1;                   // indice -1 premier
                                 ➥sous-ensemble
crosoft = false;              // "true" si Internet
                                 ➥Explorer

if (navigator.appName.indexOf("Microsoft") != -1)
➥crosoft = true;

function depart()            // pour afficher successivement
```

```
{ if (n++ > sous_titres-2)  // chacun des sous-titres
    return;                 // ici, c'est fini
  taille = 1;               // commencer par la plus
                               ➥petite taille
  affiche();                // affichage d'un sous-titre
  setTimeout("depart()", 20 * attente);
                            // attente entre chaque
                            // sous-titre
}

function affiche()          // pour afficher un sous-titre
{ if (taille > 7) return;   // dans chacune des tailles
                               ➥prévues
  z = '<DIV ALIGN="center"><FONT COLOR="RED" SIZE="'
    + taille + '">' + message[n] +  '</FONT></DIV>';
  if (crosoft)              // seulement si Internet
                               ➥Explorer
  { texte.innerHTML = z;
  }
  else                      // seulement si Netscape
                               ➥Navigator
  { document.titre.document.write(z);
    document.titre.document.close();
  }
  taille++;                 // augmenter la taille
                               ➥d'un point
 setTimeout("affiche()", attente); // attente entre chaque
                                      ➥taille
}
</SCRIPT>
</HEAD>

<BODY onLoad=depart()>

<LAYER NAME="titre" TOP=60 LEFT=0>
 <DIV></DIV>
</LAYER>

<DIV ALIGN="left" style="position:absolute; top:140">
 <LAYER TOP=-20>
  <IMG ALIGN="left" SRC="clematit.jpg"
       WIDTH=196 HEIGHT=297 HSPACE=10>
```

```
  <DIV><H2>Présentation des clématites</H2></DIV>
Parmi les arbustes d'ornement, les clématites occupent une
➥place à part tant par leurs fleurs colorées que par
➥l'abondance de leur floraison. Elles sont rustiques et,
➥pour peu qu'on prenne un minimum de précautions lors de
➥leur plantation, elles refleuriront chaque année en
➥étendant progressivement la surface couverte le long d'un
➥mur, s'accrochant à un treillage ou près d'un rosier
➥grimpant, s'enroulant autour de son tronc.
<P>
Il faut distinguer les espèces à grandes fleurs, très
➥prisées à cause de leur floraison somptueuse. Les fleurs
➥ont un diamètre pouvant atteindre 15 cm mais, plus
➥généralement, de l'ordre de 10 cm. Elles n'ont pas de
➥pétales, ceux-ci étant remplacés par quatre à huit
➥sépales colorés. Ce sont des hybrides qui résultent de
➥croisements d'espèces provenant le plus souvent
➥d'Extrême-Orient.
</P>
</LAYER>
</DIV>

<DIV>
</DIV>

<DIV id="texte" style="top:50; position:relative">
</DIV>

</BODY>
</HTML>
```

Les commentaires présents dans le listing expliquent le rôle de chaque variable et de chaque fonction, mais quelques explications complémentaires ne seront pas inutiles. Le changement progressif de taille va s'effectuer grâce à une balise `<FONT>` :

```
<FONT COLOR="RED" SIZE="'  + taille + '">'
      + message[n] +  '</FONT>
```

dans laquelle l'attribut `SIZE`, qui représente la taille du texte en unités HTML, va varier de la plus petite valeur (1) à la plus grande (7). Deux minuteries vont être mises à l'œuvre : la plus intérieure est située dans la fonction `affiche()` et va gouverner le changement de taille :

```
function affiche()          // pour afficher un sous-titre
{ if (taille > 7) return; // dans chacune des tailles
                              ➥prévues
  z = '<DIV ALIGN="center"><FONT COLOR="RED" SIZE="'
     + taille + '">' + message[n] +  '</FONT></DIV>';
  if (crosoft)                // seulement si Internet Explorer
  { texte.innerHTML = z;
  }
  else                        // seulement si Netscape Navigator
  { document.titre.document.write(z);
    document.titre.document.close();
  }
  taille++;                   // augmenter la taille d'un point
  setTimeout("affiche()", attente);
                              // attente entre chaque taille
  }
  taille++;                   // augmenter la taille d'un point
  setTimeout("affiche()", attente);
                              // attente entre chaque taille
}
```

La balise `<DIV>` contenant le titre est la même pour les deux navigateurs. Elle est représentée par la chaîne de caractères `z`. Avec Internet Explorer, elle est écrite dans le corps du document HTML par `texte.innerHTML = z;`. Avec Netscape Navigator, elle va remplacer le contenu du premier layer, `titre`, dans lequel elle va être écrite de façon classique. Ne pas oublier de fermer le layer, sinon les différents sous-titres s'écriraient les uns à la suite des autres au lieu de se succéder en se remplaçant.

Cette fonction `affiche()` est elle-même appelée par la fonction `depart()`, à laquelle le contrôle est donné une fois la page chargée grâce à l'événement `onLoad` de la balise `<BODY>`. Cette dernière fonction se termine par le lancement d'une minuterie calculée de façon à être d'une durée supérieure au produit du temps de la minuterie interne par le nombre de variations de sous-titres (7) à afficher. On permet ainsi au dernier affichage (celui qui est réalisé avec la plus grosse taille de caractères) de rester visible suffisamment longtemps pour que le visiteur puisse le lire.

```
function depart()            // pour afficher successivement
{ if (n++ > sous_titres-2) // chacun des sous-titres
    return;                  // ici, c'est fini
  taille = 1;                // commencer par la plus petite
                                ➥taille
  affiche();                 // affichage d'un sous-titre
  setTimeout("depart()", 20 * attente);
                             // attente entre chaque
                                ➥sous-titre
}
```

De la même façon qu'on augmentait `taille`, la valeur de la taille des caractères dans la fonction `affiche()`, on fait ici progresser l'indice de `message[]`, qui pointe ainsi sur chacun des sous-titres à afficher.

Prévoyant, Mathurin a paramétré le nombre de sous-titres dans le `if`, ce qui lui permettra d'en ajouter ou d'en supprimer, pour les autres fleurs dont il veut présenter la culture. Le seul point important sur le plan esthétique est qu'ils puissent tenir sur une seule ligne dans la largeur de l'écran lorsqu'ils sont affichés avec la taille de caractères la plus élevée.

INFO

Ce script n'a pas été testé avec Opera.

Index

Symbols

A

B

C

D

E

H

I

J

L

M

Q

R

S

T

U

V

W

louisjean
IMPRIMEUR
59, Av. Émile Didier
05003 Gap Cedex
Tél. 04 92 53 17 00
Dépôt légal :
497 – août 2004
Imprimé en France